EXTRACTING THE STONE OF MADNESS

EXTRACTING THE
STONE OF MADNESS
POEMS 1962–1972

BY ALEJANDRA PIZARNIK

Translated from the Spanish by Yvette Siegert

A NEW DIRECTIONS PAPERBOOK ORIGINAL

First published as New Directions Paperbook 1303 in 2016
Manufactured in the United States of America
New Directions Books are printed on acid-free paper
Design by Eileen Baumgartner

Library of Congress Cataloging-in-Publication Data
Pizarnik, Alejandra, 1936–1972.
[Poems. Selections. English]
Extracting the stone of madness : poems 1962–1972 / by Alejandra Pizarnik ;
translated from the Spanish by Yvette Siegert.
pages cm
ISBN 978-0-8112-2396-6 (acid-free paper)
I. Siegert, Yvette, translator. II. Title.
PQ7797.P576A2 2015
861'.64—dc23   2015016210

10 9 8 7 6 5 4 3 2

New Directions Books are published for James Laughlin
by New Directions Publishing Corporation
80 Eighth Avenue, New York 10011

TABLE OF CONTENTS

LOS TRABAJOS Y LAS NOCHES

(1965)

WORKS AND NIGHTS

(1965)

POEMA

Tú eliges el lugar de la herida
en donde hablamos nuestro silencio.
Tú haces de mi vida
esta ceremonia demasiado pura.

REVELACIONES

En la noche a tu lado
las palabras son claves, son llaves.
El deseo de morir es rey.

Que tu cuerpo sea siempre
un amado espacio de revelaciones.

EN TU ANIVERSARIO

Recibe este rostro mío, mudo, mendigo.
Recibe este amor que te pido.
Recibe lo que hay en mí que eres tú.

POEM

You choose the site of the wound
where we speak our silence.
You make of my life
this ceremony that's much too pure.

REVELATIONS

At night at your side,
words become clues, keys.
The desire to die is king.

May your body always be
a beloved space for revelations.

ON YOUR ANNIVERSARY

Accept this face of mine, mute and begging.
Accept this love I ask for.
Accept the part of me that is you.

DESTRUCCIONES

Del combate con las palabras ocúltame
y apaga el furor de mi cuerpo elemental.

AMANTES

una flor
    no lejos de la noche
    mi cuerpo mudo
   se abre
a la delicada urgencia del rocío

QUIEN ALUMBRA

Cuando me miras
mis ojos son llaves,
el muro tiene secretos,
mi temor palabras, poemas.
Sólo tú haces de mi memoria
una viajera fascinada,
un fuego incesante.

DESTRUCTIONS

... in kisses, not in reasons
— Quevedo

Hide me from this battle with words
and put out the furies of my elemental body.

LOVERS

a flower
       not far from the night
       my mute body
   opens
to the dew and its fragile urgency

WHO LIGHTS THE WAY

When you look at me
my eyes are keys,
the wall holds secrets,
and my fear carries words, poems.
Only you can turn my memory
into a fascinated traveler,
a relentless fire.

RECONOCIMIENTO

Tú haces el silencio de las lilas que aletean
en mi tragedia del viento en el corazón.
Tú hiciste de mi vida un cuento para niños
en donde naufragios y muertes
son pretextos de ceremonias adorables.

PRESENCIA

tu voz
en este no poder salirse las cosas
de mi mirada
ellas me desposeen
hacen de mí un barco sobre un río de piedras
si no es tu voz
lluvia sola en mi silencio de fiebres
tú me desatas los ojos
y por favor
que me hables
siempre

ENCUENTRO

Alguien entra en el silencio y me abandona.
Ahora la soledad no está sola.
Tú hablas como la noche.
Te anuncias como la sed.

ACKNOWLEDGMENT

You made the silence of the lilacs fluttering
in the tragedy of wind that is in my heart.
You turned my life into a children's tale
where shipwrecks and death
are an excuse for beloved ceremonies.

PRESENCE

your voice
in this inability to escape
my gaze
things rid themselves of me
if it isn't your voice
turn me into a boat on a river of stones
a rain isolated in my fevered silence
you undo my eyes
and I ask
you please
to speak to me
forever

ENCOUNTER

Someone goes into the silence and abandons me.
Now solitude is not alone.
You speak like the night.
You announce yourself like thirst.

DURACIÓN

De aquí partió en la negra noche
y su cuerpo hubo de morar en este cuarto
en donde sollozos, pasos peligrosos
de quien no viene, pero hay su presencia
amarrada a este lecho en donde sollozos
porque un rostro llama,
engarzado en lo oscuro,
piedra preciosa.

TU VOZ

Emboscado en mi escritura
cantas en mi poema.
Rehén de tu dulce voz
petrificada en mi memoria.
Pájaro asido a su fuga.
Aire tatuado por un ausente.
Reloj que late conmigo
para que nunca despierte.

EL OLVIDO

en la otra orilla de la noche
el amor es posible

— *llévame* —

llévame entre las dulces sustancias
que mueren cada día en tu memoria

DURATION

She left from here on a dark night
and her body would've lived in this room
where sobs, where perilous footsteps
not arriving — but here is her presence
tied to this bed where the sobs —
because a face is calling,
fitted to the darkness,
a precious stone.

YOUR VOICE

Ambushed in my writing
you are singing in my poem.
Captive of your sweet voice
engraved in my memory.
Bird intent on its flight.
Air tattooed by an absence.
Clock that keeps time with me
so I never wake up.

OBLIVION

on the other edge of the night
love is possible

take me there

take me to the sweet essences
that die each day in your memory

LOS PASOS PERDIDOS

Antes fue una luz
en mi lenguaje nacido
a pocos pasos del amor.

Noche abierta. Noche presencia.

DONDE CIRCUNDA LO ÁVIDO

Cuando sí venga mis ojos brillarán
de la luz de quien yo lloro
mas ahora alienta un rumor de fuga
en el corazón de toda cosa.

NOMBRARTE

No el poema de tu ausencia,
sólo un dibujo, una grieta en un muro,
algo en el viento, un sabor amargo.

DESPEDIDA

Mata su luz un fuego abandonado.
Sube su canto un pájaro enamorado.
Tantas criaturas ávidas en mi silencio
y esta pequeña lluvia que me acompaña.

THE LOST STEPS

Before it was a light
in my language born
steps away from love.

Night open. Night presence.

WHERE EAGERNESS CIRCLES IN

When it does arrive my eyes will gleam
with the light of the one I mourn for
meanwhile it breathes a rumor of flight
into the heart of all things.

NAMING YOU

Not the poem about your absence,
just a drawing, a crevice in the wall,
something in the wind, a bitter taste.

GOODBYE

The abandoned bonfire kills its own light.
A bird in love lifts up its song.
So many eager creatures in my silence
and this small rain at my back.

LOS TRABAJOS Y LAS NOCHES

para reconocer en la sed mi emblema
para significar el único sueño
para no sustentarme nunca de nuevo en el amor

he sido toda ofrenda
un puro errar
de loba en el bosque
en la noche de los cuerpos

para decir la palabra inocente

SENTIDO DE SU AUSENCIA

si yo me atrevo
a mirar y a decir
es por su sombra
unida tan suave
a mi nombre
allá lejos
en la lluvia
en mi memoria
por su rostro
que ardiendo en mi poema
dispersa hermosamente
un perfume
a amado rostro desaparecido

WORKS AND NIGHTS

to let my emblem be thirst
to signify the only dream
to never feed on love again

I've been the full offering
the pure wandering
of a wolf in the woods
on the night of the bodies

to speak the innocent word

MEANING OF HER ABSENCE

if I dare
look on and speak
it's because of her
shadow linked so gently
to my name
far away
in the rain
in my memory
for her burning
face in my poem
beautifully carries
the scent of
a beloved face that's missing

VERDE PARAÍSO

extraña que fui
cuando vecina de lejanas luces
atesoraba palabras muy puras
para crear nuevos silencios

INFANCIA

Hora en que la yerba crece
en la memoria del caballo.
El viento pronuncia discursos ingenuos
en honor de las lilas,
y alguien entra en la muerte
con los ojos abiertos
como Alicia en el país de lo ya visto.

ANTES
A Eva Durrell

bosque musical

los pájaros dibujaban en mis ojos
pequeñas jaulas

GREEN PARADISE

stranger that I was
when a neighbor to distant lights
I stored up the purest words
for making new silences

CHILDHOOD

The hour when the grass grows
in the memory of a horse.
The wind issues innocent speeches
in honor of the lilacs,
and someone enters into death
with open eyes,
like Alice in the land of the seen before.

BEFORE
For Eva Durrell

musical forest

the birds would draw small cages
on my eyes

III.

ANILLOS DE CENIZA
A Cristina Campo

Son mis voces cantando
para que no canten ellos,
los amordazados grismente en el alba,
los vestidos de pájaro desolado en la lluvia.

Hay, en la espera,
un rumor a lila rompiéndose.
Y hay, cuando viene el día,
una partición del sol en pequeños soles negros.
Y cuando es de noche, siempre,
una tribu de palabras mutiladas
busca asilo en mi garganta,
para que no canten ellos,
los funestos, los dueños del silencio.

MADRUGADA

Desnudo soñando una noche solar.
He yacido días animales.
El viento y la lluvia me borraron
como a un fuego, como a un poema
escrito en un muro.

RINGS OF ASH
For Cristina Campo

It's my voices that are singing
so the others can't sing —
those figures gagged grey in the dawn,
those dressed in the rain like desolate birds.

There is, in this waiting,
a rumor of breaking lilac.
And there is, when the day arrives,
a division of the sun into smaller black suns.
And at night, always,
a tribe of mutilated words
looks for refuge in my throat,
so that *they* won't sing —
the ill-fated, the owners of silence.

DAYBREAK

Naked and dreaming of a solar night.
I've lain through animal days.
The wind and the rain erased me
as they might a fire, or a poem
written on a wall.

RELOJ

Dama pequeñísima
moradora en el corazón de un pájaro
sale al alba a pronunciar una sílaba
NO

EN UN LUGAR PARA HUIRSE

Espacio. Gran espera.
Nadie viene. Esta sombra.

Darle lo que todos:
significaciones sombrías,
no asombradas.

Espacio. Silencio ardiente.
¿Qué se dan entre sí las sombras?

CLOCK

A tiny lady, so tiny,
who lives in the heart of a bird
goes out at dawn to utter her only syllable:
                    NO

IN A PLACE FOR ESCAPING THE SELF

Space. A long wait.
No one comes. This shadow.

Give it what everyone gives:
meanings that are somber,
not full of wonder.

Space. Blazing silence.
What is it that shadows give each other?

FRONTERAS INÚTILES

un lugar
no digo un espacio
hablo de
      qué
hablo de lo que no es
hablo de lo que conozco

no el tiempo
sólo todos los instantes
no el amor
no
   sí
no

un lugar de ausencia
un hilo de miserable unión

EL CORAZÓN DE LO QUE EXISTE

no me entregues,
   tristísima medianoche,
al impuro mediodía blanco

USELESS BORDERS

a place
I didn't say a space
I'm speaking of
                what
I'm speaking of what is not
I'm speaking of what I know

not of time
but of all instants
not of love
no
    yes
no

a place of absence
a thread of miserable union

THE HEART OF WHAT DOES EXIST

do not hand me over,
    oh saddest of midnights,
to the impure whiteness of noon.

LAS GRANDES PALABRAS
A Antonio Porchia

aún no es ahora
ahora es nunca

aún no es ahora
ahora y siempre
es nunca

SILENCIOS

La muerte siempre al lado.
Escucho su decir.
Sólo me oigo.

PIDO EL SILENCIO

> ... *canta, lastimada mía*
> — Cervantes

aunque es tarde, es noche,
y tú no puedes.

Canta como si no pasara nada.

Nada pasa.

THE BIG WORDS
For Antonio Porchia

it is not yet now
now is never

it is not yet now
now and forever
is never

SILENCES

Death always at my side.
I listen to what it says.
And only hear myself.

I ASK FOR SILENCE

> *... sing, my suffering darling.*
> — Cervantes

though it's late, though it's night,
and you are not able.

Sing as if nothing were wrong.

Nothing is wrong.

CAER

Nunca de nuevo la esperanza
en un ir y venir
de nombres, de figuras.
Alguien soñó muy mal,
alguien consumió por error
las distancias olvidadas.

FIESTA

He desplegado mi orfandad
sobre la mesa, como un mapa.
Dibujé el itinerario
hacia mi lugar al viento.
Los que llegan no me encuentran.

Los que espero no existen.
Y he bebido licores furiosos
para transmutar los rostros
en un ángel, en vasos vacíos.

LOS OJOS ABIERTOS

Alguien mide sollozando
la extensión del alba.
Alguien apuñala la almohada
en busca de su imposible
lugar de reposo.

FALLING

Never again a hope
in the comings and goings
of names, of figures.
Someone dreamed this up so poorly,
someone consumed by accident
the forgotten distances.

PARTY

I have laid out my orphanhood
on the table, like a map.
I have sketched the directions
to my home in the wind.
Visitors arrive but do not find me.
The ones I wait for do not exist.

And I have drunk furious liquors
to change their faces
into angels, into empty glasses.

EYES WIDE OPEN

Someone, sobbing, measures
the lengths before dawn.
Someone punches her pillow
in search of an impossible
place of rest.

CUARTO SOLO

Si te atreves a sorprender
la verdad de esta vieja pared;
y sus fisuras, desgarraduras,
formando rostros, esfinges,
manos, clepsidras,
seguramente vendrá
una presencia para tu sed,
probablemente partirá
esta ausencia que te bebe.

LA VERDAD DE ESTA VIEJA PARED

que es frío es verde que también se mueve
llama jadea grazna es halo es hielo
hilos vibran tiemblan
                              hilos

es verde estoy muriendo
es muro es mero muro es mudo mira muere

HISTORIA ANTIGUA

En la medianoche
vienen los vigías infantiles
y vienen las sombras que ya tienen nombre
y vienen los perdonadores
de lo que cometieron mil rostros míos
en la ínfima desgarradura de cada jornada.

SINGLE ROOM

If you dare to frighten
the truth out of this old wall —
and its fissures, its gashes
that form faces and sphinxes
and hands and clepsydras —
surely a presence
for your thirst will emerge,
and no doubt this absence
that drinks you dry will leave you.

THE TRUTH ABOUT THIS OLD WALL

that it is cold it is green that also it moves
it calls out it pants it croaks it is halo it is hail
strings are vibrating, trembling
                                            strings

it is green I am dying
it is a wall a walled will with a why with an eye it will die

ANCIENT HISTORY

At midnight
the childhood watchmen come
and the shadows that already have names
and the forgivers of
what my thousand faces have done
in the leanest gash of each day.

INVOCACIONES

Insiste en tu abrazo,
redobla tu furia,
crea un espacio de injurias
entre yo y el espejo,
crea un canto de leprosa
entre yo y la que me creo.

DESMEMORIA

Aunque la voz (su olvido
volcándome náufragas que son yo)
oficia en un jardín petrificado

recuerdo con todas mis vidas
por qué olvido.

UN ABANDONO

Un abandono en suspenso.
Nadie es visible sobre la tierra.
Sólo la música de la sangre
asegura residencia
en un lugar tan abierto.

INVOCATIONS

Insist on your embrace,
double your fury,
create a space for damages
between myself and the mirror,
create a leper's song
for myself and who I think I am.

MEMORY LOSS

Although the voice (its oblivion
tossing back my shipwrecked selves)
presides over a frozen garden

I recall with all my lives
my reasons for forgetting.

ABANDONMENT

Abandonment in suspense.
No one is visible on the face of the earth.
Only the music of blood
can guarantee residence
in such an open space.

FORMAS

no sé si pájaro o jaula
mano asesina
o joven muerta entre cirios
o amazona jadeando en la gran garganta oscura
o silenciosa
pero tal vez oral como una fuente
tal vez juglar
o princesa en la torre más alta

COMUNICACIONES

El viento me había comido
parte de la cara y las manos.
Me llamaban *ángel harapiento*.
Yo esperaba.

MEMORIA

A Jorge Gaitán Durán

Arpa de silencio
en donde anida el miedo.
Gemido lunar de las cosas
significando ausencia.

Espacio de color cerrado.
Alguien golpea y arma
un ataúd para la hora,
otro ataúd para la luz.

FORMS

I do not know whether bird or cage
assassin hand
or young woman found dead among candles
or an Amazon panting in her deep great throat
or silently
but maybe vocal like a fountain
maybe minstrel
or princess in the topmost tower

DISPATCHES

The wind had eaten away
parts of my face and my hands.
They called me *ragged angel*.
I lay waiting.

MEMORY
For Jorge Gaitán Durán

A harp of silence
where fear has nested.
Things and their lunar groans
that stand for absence.

Space of closed-in color.
Someone nails and assembles
a coffin for the hours,
another for the light.

SOMBRA DE LOS DÍAS A VENIR

A Ivonne A. Bordelois

Mañana
me vestirán con cenizas al alba,
me llenarán la boca de flores.
Aprenderé a dormir
en la memoria de un muro,
en la respiración
de un animal que sueña.

DEL OTRO LADO

Años y minutos hacen el amor.
Máscaras verdes bajo la lluvia.
Iglesia de vitrales obscenos.
Huella azul en la pared.

No conozco.
No reconozco.
Oscuro. Silencio.

CREPÚSCULO

La sombra cubre pétalos mirados
El viento se lleva el último gesto de una hoja
El mar ajeno y doblemente mudo
en el verano que apiada por sus luces

Un deseo de aquí
Una memoria de allá

SHADOW FROM DAYS TO COME

For Ivonne A. Bordelois

Tomorrow
they'll dress me in ash for the sunrise,
they'll fill my mouth with flowers.
I'll learn to sleep
inside the memory of a wall,
on the breath
of a dreaming animal.

FROM THE OTHER SIDE

Years and minutes are making love.
Green masks in the rain.
Church windows with obscene stained-glass.
Blue fingerprint on the wall.

I don't know it.
I don't acknowledge it.
Dark. Silence.

DUSK

The shadow covers the outer petals
The wind makes off with the final gestures of leaves
The foreign, now twice-silenced sea
inside a summer pitied for its lights

A longing from here
A memory from there

MORADAS

A Théodore Fraenkel

En la mano crispada de un muerto,
en la memoria de un loco,
en la tristeza de un niño,
en la mano que busca el vaso,
en el vaso inalcanzable,
en la sed de siempre.

MENDIGA VOZ

Y aún me atrevo a amar
el sonido de la luz en una hora muerta,
el color del tiempo en un muro abandonado.

En mi mirada lo he perdido todo.
Es tan lejos pedir. Tan cerca saber que no hay.

DWELLING PLACES

For Théodore Fraenkel

In the stiff hand of a dead man,
in the memory of a madman,
in the sadness of a child,
in the hand that feels for a glass,
in the unreachable glass,
in the endless thirst.

A BEGGAR VOICE

And still I dare to love
the sound of the light in a dead hour
the color of time on a ruined wall.

In my eyes I've lost everything.
Asking is so far away. And so close, this knowledge of want.

EXTRACCIÓN DE
LA PIEDRA DE LOCURA

(1968)

A mi madre

EXTRACTING THE
STONE OF MADNESS

(1968)

For my mother

CANTORA NOCTURNA

A Olga Orozco
Joe, macht die Musik von damals nacht ...

La que murió de su vestido azul está cantando. Canta imbuida de muerte al sol de su ebriedad. Adentro de su canción hay un vestido azul, hay un caballo blanco, hay un corazón verde tatuado con los ecos de los latidos de su corazón muerto. Expuesta a todas las perdiciones, ella canta junto a una niña extraviada que es ella: su amuleto de la buena suerte. Y a pesar de la niebla verde en los labios y del frío gris en los ojos, su voz corroe la distancia que se abre entre la sed y la mano que busca el vaso. Ella canta.

VÉRTIGOS O CONTEMPLACIÓN DE ALGO QUE TERMINA

Esta lila se deshoja.
Desde sí misma cae
y oculta su antigua sombra.
He de morir de cosas así.

I.
(1966)

NIGHT SINGER

For Olga Orozco
Joe, macht die Musik von damals nacht ...

  She who died of her blue dress is singing. She sings suffused with
death and sings to the sun of her drunkenness. Inside her song there
is a blue dress, there is a white horse, there is a green heart tattooed
with echoes of her own dead heart. Exposed to all that is lost, she
sings with a stray girl who is also herself, her amulet. And in spite
of the green mist on her lips and the grey cold in her eyes, her voice
breaks down the distance gaping between thirst and the hand that
reaches for the glass. She is singing.

VERTIGO, OR A CONTEMPLATION
OF THINGS THAT COME TO AN END

  This lilac unleaves.
  It falls from itself
  and hides its ancient shadow.
  I will die of such things.

LINTERNA SORDA

Los ausentes soplan y la noche es densa. La noche tiene el color de los párpados del muerto.

Toda la noche hago la noche. Toda la noche escribo. Palabra por palabra yo escribo la noche.

PRIVILEGIO

I.

Ya perdido el nombre que me llamaba,
su rostro rueda por mí
como el sonido del agua en la noche,
del agua cayendo en el agua.
Y es su sonrisa la última sobreviviente,
no mi memoria.

II.

El más hermoso
en la noche de los que se van,
oh deseado,
es sin fin tu no volver,
sombra tú hasta el día de los días.

DEAF LANTERN

The absent figures are sighing, and the night is thick. The night is the color of the eyelids of the dead.

All night long I make the night. All night long I write. Word by word I am writing the night.

PRIVILEGE

I.

The name I was called by is already lost.
Its face orbits around me
like the sounds of water at night,
of waters falling into waters.
And the last thing to go is its smile,
instead of my memory.

II.

The most beautiful of all
on the night of those who leave me:
you whom I long for,
how endless your not-returning,
you as shadow till the day of days.

CONTEMPLACIÓN

Murieron las formas despavoridas y no hubo más un afuera y un adentro. Nadie estaba escuchando el lugar porque el lugar no existía.

Con el propósito de escuchar están escuchando el lugar. Adentro de tu máscara relampaguea la noche. Te atraviesan con graznidos. Te martillean con pájaros negros. Colores enemigos se unen en la tragedia.

NUIT DU COEUR

Otoño en el azul de un muro: sé amparo de las pequeñas muertas.

Cada noche, en la duración de un grito, viene una sombra nueva. A solas danza la misteriosa autónoma. Comparto su miedo de animal muy joven en la primera noche de las cacerías.

CUENTO DE INVIERNO

La luz del viento entre los pinos ¿comprendo estos signos de tristeza incandescente?

Un ahorcado se balancea en el árbol marcado con la cruz lila.

Hasta que logró deslizarse fuera de mi sueño y entrar a mi cuarto, por la ventana, en complicidad con el viento de la medianoche.

CONTEMPLATION

The terrified shapes died and there was no longer an outside or an inside. No one was listening to that place because it did not exist.

For the sake of listening they are listening to the place. The night in your mask carries bolts of lightning. They cackle through you. They pummel you with black birds. Enemy colors form an alliance in the tragedy.

NUIT DU COEUR

To the autumn in the blue of a wall: be a comfort for the dead little girls.

Every night, in the span of a scream, a new shadow appears. It is mysterious and autonomous and dances on its own. Ours is the fear of a young animal on the first night of the hunt.

WINTER TALE

The light of the wind through the pines: Do I understand such signs of incandescent sadness?

A hanged man is swaying from the tree that's marked with a lilac cross.

Until he managed to slip from my dream and enter my room, through the window, in complicity with the midnight wind.

EN LA OTRA MADRUGADA

Veo crecer hasta mis ojos figuras de silencio y desesperadas. Escucho grises, densas voces en el antiguo lugar del corazón.

DESFUNDACIÓN

Alguien quiso abrir alguna puerta. Duelen sus manos aferradas a su prisión de huesos de mal agüero.
Toda la noche ha forcejeado con su nueva sombra. Llovió adentro de la madrugada y martillaban con lloronas.
La infancia implora desde mis noches de cripta.
La música emite colores ingenuos.
Grises pájaros en el amanecer son a la ventana cerrada lo que a mis males mi poema.

FIGURAS Y SILENCIOS

Manos crispadas me confinan al exilio.
Ayúdame a no pedir ayuda.
Me quieren anochecer, me van a morir.
Ayúdame a no pedir ayuda.

THAT OTHER SUNRISE

Coming up to eye level: silent figures, figures of desperation. Grey and heavy voices calling out from the former site of my heart.

UNFOUNDING

Someone wanted to open a door. She felt pain in hands that were iron-cuffed to their prison of bad-omened bones.

All night she has struggled with her new shadow. It rained inside the dawn. It was pelted by mourners.

Childhood clamors up from my crypted nights.

The music releases artless colors.

Grey birds in the early morning are to the closed window what this poem is to my pain.

SHAPES AND SILENCES

Tensed hands confine me to exile.
Help me not to ask for help.
They want to dusk me, they plan to death me.
Help me not to ask for help.

FRAGMENTOS PARA DOMINAR EL SILENCIO

I.

Las fuerzas del lenguaje son las damas solitarias, desoladas, que cantan a través de mi voz que escucho a lo lejos. Y lejos, en la negra arena, yace una niña densa de música ancestral. ¿Dónde la verdadera muerte? He querido iluminarme a la luz de mi falta de luz. Los ramos se mueren en la memoria. La yacente anida en mí con su máscara de loba. La que no pudo más e imploró llamas y ardimos.

II.

Cuando a la casa del lenguaje se le vuela el tejado y las palabras no guarecen, yo hablo.

Las damas de rojo se extraviaron dentro de sus máscaras aunque regresarán para sollozar entre flores.

No es muda la muerte. Escucho el canto de los enlutados sellar las hendiduras del silencio. Escucho tu dulcísimo llanto florecer mi silencio gris.

III.

La muerte ha restituido al silencio su prestigio hechizante. Y yo no diré mi poema y yo he de decirlo. Aun si el poema (aquí, ahora) no tiene sentido, no tiene destino.

FRAGMENTS FOR SUBDUING THE SILENCE

I.

The powers of language are the solitary ladies who sing, desolate, with this voice of mine that I hear from a distance. And far away, in the black sand, lies a girl heavy with ancestral music. Where is actual death? I have wanted clarity in light of my lack of light. Bouquets die in the memory. The girl lying in the sand nestles into me with her wolf mask. The one who couldn't stand it anymore and begged for flames and whom we set on fire.

II.

When the roof tiles blow away from the house of language, and words no longer keep — that is when I speak.

The ladies in red have lost themselves in their masks. Though they will return to sob among the flowers.

Death is no mute. I hear the song of the mourners sealing the clefts of silence. I listen and the sweetness of your crying opens into to my grey silence.

III.

Death has restored to silence its own bewitching stature. And I will not say my poem and I will say it. Even if (here, now) the poem has no meaning, no fate.

SORTILEGIOS

Y las damas vestidas de rojo para mi dolor y con mi dolor insumidas en mi soplo, agazapadas como fetos de escorpiones en el lado más interno de mi nuca, las madres de rojo que me aspiran el único calor que me doy con mi corazón que apenas pudo nunca latir, a mí que siempre tuve que aprender sola cómo se hace para beber y comer y respirar y a mí que nadie me enseñó a llorar y nadie me enseñará ni siquiera las grandes damas adheridas a la entretela de mi respiración con babas rojizas y velos flotantes de sangre, mi sangre, la mía sola, la que yo me procuré y ahora vienen a beber de mí luego de haber matado al rey que flota en el río y mueve los ojos y sonríe pero está muerto y cuando alguien está muerto, muerto está por más que sonría y las grandes, las trágicas damas de rojo han matado al que se va río abajo y yo me quedo como rehén en perpetua posesión.

SORCERY

And the ladies dressed in red for my pain and with my pain latched onto my breath, clinging like the fetuses of scorpions in the deepest crook of my neck, the mothers in red who sucked out the last bit of heat that my barely beating heart could give me — I always had to learn on my own the steps you take to drink and eat and breathe, I was never taught to cry and now will never learn to do this, least of all from the great ladies latched onto the lining of my breath with reddish spit and floating veils of blood, my blood, mine alone, which I drew myself and which they drink from now after murdering the king whose body is listing in the river and who moves his eyes and smiles, though he's dead and when you're dead, you're dead, for all the smiling you do, and the great ladies, the tragic ladies in red have murdered the one who is floating down the river and I stay behind like a hostage in their eternal custody.

II.
(1963)

UN SUEÑO DONDE EL SILENCIO ES DE ORO

El perro del invierno dentellea mi sonrisa. Fue en el puente. Yo estaba desnuda y llevaba un sombrero con flores y arrastraba mi cadáver también desnudo y con un sombrero de hojas secas.

He tenido muchos amores — dije — pero el más hermoso fue mi amor por los espejos.

TÊTE DE JEUNE FILLE (ODILON REDON)
A André Pieyre de Mandiargues

de música la lluvia
de silencio los años
que pasan una noche
mi cuerpo nunca más
podrá recordarse.

RESCATE
A Octavio Paz

Y es siempre el jardín de lilas del otro lado del río. Si el alma pregunta si queda lejos se le responderá: del otro lado del río, no éste sino aquél.

A DREAM IN WHICH SILENCE IS GOLDEN

Winter the hound was gnawing at my smile. On the bridge. I was naked and wore a hat with flowers, and dragged my dead body, also naked and wearing a hat of dry leaves.

I have had many loves, I said, but of all these, the greatest was my love of mirrors.

TÊTE DE JEUNE FILLE (ODILON REDON)

For André Pieyre de Mandiargues

of music the rain
of silence the years
passing a night
my body will never again
be able to be remembered

RESCUE

For Octavio Paz

And it's always the lilac garden on the other side of the river. If the soul should ask you if that is far from here, you should say, On the other side of the river, not this one, but the one over there.

ESCRITO EN EL ESCORIAL

te llamo
igual que antaño la amiga al amigo
en pequeñas canciones
miedosas del alba

EL SOL, EL POEMA

Barcos sobre el agua natal.
Agua negra, animal de olvido. Agua lila, única vigilia.
El misterio soleado de las voces en el parque. Oh tan antiguo.

ESTAR

Vigilas desde este cuarto
donde la sombra temible es la tuya.

No hay silencio aquí
sino frases que evitas oír.

Signos en los muros
narran la bella lejanía.

(Haz que no muera
sin volver a verte.)

WRITTEN AT EL ESCORIAL

i call you
as in years past, one friend to another
in little songs
afraid of the sunrise

THE SUN, THE POEM

Boats in native waters.
Black water, creature of oblivion. Lilac water, the only vigil.
A mystery burnished by voices in the park. How ancient this is.

BEING

You keep watch from this room
where the ominous shadow is your own.

No silence here,
only phrases you try not to hear.

Signs on the high walls
tell of a beautiful distance.

(Don't let me die
without seeing you again.)

LAS PROMESAS DE LA MÚSICA

Destrás de un muro blanco la variedad del arco iris. La muñeca en su jaula está haciendo el otoño. Es el despertar de las ofrendas. Un jardín recién creado, un llanto detrás de la música. Y que suene siempre, así nadie asistirá al movimiento del nacimiento, a la mímica de las ofrendas, al discurso de aquella que soy anudada a esta silenciosa que también soy. Y que de mí no quede más que la alegría de quien pidió entrar y le fue concedido. Es la música, es la muerte, lo que yo quise decir en noches variadas como los colores del bosque.

INMINENCIA

Y el muelle gris y las casas rojas Y no es aún la soledad Y los ojos ven un cuadrado negro con un círculo de música lila en su centro Y el jardín de las delicias sólo existe fuera de los jardines Y la soledad es no poder decirla Y el muelle gris y las casas rojas.

CONTINUIDAD

No nombrar las cosas por sus nombres. Las cosas tienen bordes dentados, vegetación lujuriosa. Pero quién habla en la habitación llena de ojos. Quién dentellea con una boca de papel. Nombres que vienen, sombras con máscaras. Cúrame del vacío — dije. (La luz se amaba en mi oscuridad. Supe que no había cuando me encontré diciendo: soy yo.) Cúrame — dije.

THE PROMISES OF MUSIC

Behind the white wall, the variations of a rainbow. The doll in her cage is creating autumn. It is the beginning of the sacrifices. A new garden, a sob behind the music. And let it never stop playing, so that no one will attend to the movements of birth, or to an imitation of the offerings, or to the speech of that woman I happen to be, bound to this silent creature who is also me. And may nothing of me remain except the happiness of the one who knocked and for whom the door was opened. It is music, it is death. This is what I wanted to say, on nights as varied as the colors of the forest.

IMMINENCE

And the grey pier and the red houses And it is not yet solitude And the eyes see a black square with a circle of lilac music at its core And the garden of earthly delights exists only outside the gardens And solitude is not being able to say it And the grey pier and the red houses.

CONTINUITY

Not naming things by their names. Things have barbed edges, lush vegetation. But who is speaking in this room full of eyes? Who gnaws with a mouth made of paper? Names that come up, shadows with masks. *Cure me of this void*, I said. (The light loved itself in this darkness of mine. I knew that there was absence when I found myself saying, *It is I*.) *Cure me*, I said.

ADIOSES DEL VERANO

Suave rumor de la maleza creciendo. Sonidos de lo que destruye el viento. Llegan a mí como si yo fuera el corazón de lo que existe. Quisiera estar muerta y entrar también yo en un corazón ajeno.

COMO AGUA SOBRE UNA PIEDRA

a quien retorna en busca de su antiguo buscar
la noche se le cierra como agua sobre una piedra
como aire sobre un pájaro
como se cierran dos cuerpos al amarse

EN UN OTOÑO ANTIGUO

A Marie-Jeanne Noirot

¿Cómo se llama el nombre?

Un color como un ataúd, una transparencia que no atravesarás.

¿Y cómo es posible no saber tanto?

SUMMER GOODBYES

The soft rumor of spreading weeds. The sound of things ruined by the wind. They come to me as if I were the heart of all that exists. I would like to be dead, and also to go inside another heart.

LIKE WATER OVER A STONE

over the one who returns in search of her ancient search
the night closes in like water over a stone
or air around a bird
or like two bodies clasping in love

A DISTANT AUTUMN
For Marie-Jeanne Noirot

What is the name of the name?

A color like a coffin, a transparency you'll never pass through.

And how is it possible not to know so much?

III.
(1962)

CAMINOS DEL ESPEJO

I.

Y sobre todo mirar con inocencia. Como si no pasara nada, lo cual es cierto.

II.

Pero a ti quiero mirarte hasta que tu rostro se aleje de mi miedo como un pájaro del borde filoso de la noche.

III.

Como una niña de tiza rosada en un muro muy viejo súbitamente borrada por la lluvia.

IV.

Como cuando se abre una flor y revela el corazón que no tiene.

V.

Todos los gestos de mi cuerpo y de mi voz para hacer de mí la ofrenda, el ramo que abandona el viento en el umbral.

VI.

Cubre la memoria de tu cara con la máscara de la que serás y asusta a la niña que fuiste. .

VII.

La noche de los dos se dispersó con la niebla. Es la estación de los alimentos fríos.

III.
(1962)

PATHS OF THE MIRROR

I.

And, above all, to look on innocently. As if nothing were happening, which is true.

II.

But *you* I want to look at until your face fades from my fear, like a bird stepping away from the sharp edges of night.

III.

Like a girl drawn in pink chalk on a very old wall, suddenly wiped away by the rain.

IV.

As when a flower opens and you see the heart it does not have.

V.

All these gestures by my body and my voice just to turn me into the offering. The flowers the wind has left behind in the door.

VI.

Cover the memory of your face with the mask of who you'll become, and frighten the girl you used to be.

VII.

The night for them has thinned with the fog. It is the season of food gone cold.

VIII.

Y la sed, mi memoria es de la sed, yo abajo, en el fondo, en el pozo, yo bebía, recuerdo.

IX.

Caer como un animal herido en el lugar que iba a ser de revelaciones.

X.

Como quien no quiere la cosa. Ninguna cosa. Boca cosida. Párpados cosidos. Me olvidé. Adentro el viento. Todo cerrado y el viento adentro.

XI.

Al negro sol del silencio las palabras se doraban.

XII.

Pero el silencio es cierto. Por eso escribo. Estoy sola y escribo. No, no estoy sola. Hay alguien aquí que tiembla.

XIII.

Aun si digo *sol* y *luna* y *estrella* me refiero a cosas que me suceden. ¿Y qué deseaba yo?
Deseaba un silencio perfecto.
Por eso hablo.

XIV.

La noche tiene la forma de un grito de lobo.

VIII.

And thirst. My memory is of the thirst — of me, below, in the depths, in the well — and that I drank from it, I remember.

IX.

To fall like a wounded animal into a place that was meant for revelations.

X.

Like someone not wanting something. Not anything. Mouth sewn shut. Eyelids sewn shut. I forgot myself. The wind inside. Everything shut, and the wind inside.

XI.

Words burnished in the black sun of silence.

XII.

But the silence is certain. This is why I write. I am alone and I write. No, I am not alone. There is someone here who is trembling.

XIII.

Even if I say *sun* or *moon* or *star*, this is still about things that happen to me. And what was it I wanted?
I wanted a perfect silence.
This is why I speak.

XIV.

The night is shaped like a howling wolf.

XV.

Delicia de perderse en la imagen presentida. Yo me levanté de mi cadáver, yo fui en busca de quien soy. Peregrina de mí, he ido hacia la que duerme en un país al viento.

XVI.

Mi caída sin fin a mi caída sin fin en donde nadie me aguardó pues al mirar quién me aguardaba no vi otra cosa que a mí misma.

XVII.

Algo caía en el silencio. Mi última palabra fue *yo* pero me refería al alba luminosa.

XVIII.

Flores amarillas constelan un círculo de tierra azul. El agua tiembla llena de viento.

XIX.

Deslumbramiento del día, pájaros amarillos en la mañana. Una mano desata tinieblas, una mano arrastra la cabellera de una ahogada que no cesa de pasar por el espejo. Volver a la memoria del cuerpo, he de volver a mis huesos en duelo, he de comprender lo que dice mi voz.

XV.

The pleasure of losing yourself in the image foreseen. I rose from my body and went out in search of who I am. A pilgrim of my self, I have gone to the one who sleeps in the winds of her country.

XVI.

My fall that is endless into my fall that is endless, where no one expected me, since when I looked to see who expected me, I saw no thing other than my self.

XVII.

Something falling in the silence. My final word was *I*, but by this I meant the luminous dawn.

XVIII.

A constellation of yellow flowers draw a circle in the blue earth. The water is rippling, busy with the winds.

XIX.

Dazzle of the new day, the yellow birds in the morning. A hand releases the dark; another drags the hair of a drowned woman who is crossing endlessly through the mirror. To return to the body's memory is to return to my mourning bones, and to grasp what it is my voice says.

IV.
(1964)

EXTRACCIÓN DE LA PIEDRA DE LOCURA

*Elles, les âmes (...), sont malades et elles souffrent et nul ne leur
porte-remède; elles sont blessées et brisées et nul ne les panse.*

— Jean de Ruysbroeck

La luz mala se ha avecinado y nada es cierto. Y si pienso en todo
lo que leí acerca del espíritu ... Cerré los ojos, vi cuerpos luminosos
que giraban en la niebla, en el lugar de las ambiguas vecindades.
No temas, nada te sobrevendrá, ya no hay violadores de tumbas. El
silencio, el silencio siempre, las monedas de oro del sueño.

Hablo como en mí se habla. No mi voz obstinada en parecer una
voz humana sino la otra que atestigua que no he cesado de morar en
el bosque.

Si vieras a la que sin ti duerme en un jardín en ruinas en la me-
moria. Allí yo, ebria de mil muertes, hablo de mí conmigo sólo por
saber si es verdad que estoy debajo de la hierba. No sé los nombres.
¿A quién le dirás que no sabes? Te deseas otra. La otra que eres se
desea otra. ¿Qué pasa en la verde alameda? Pasa que no es verde y ni
siquiera hay una alameda. Y ahora juegas a ser esclava para ocultar
tu corona ¿otorgada por quién? ¿quién te ha ungido? ¿quién te ha
consagrado? El invisible pueblo de la memoria más vieja. Perdida por
propio designio, has renunciado a tu reino por las cenizas. Quien te
hace doler te recuerda antiguos homenajes. No obstante, lloras fu-
nestamente y evocas tu locura y hasta quisieras extraerla de ti como
si fuese una piedra, a ella, tu solo privilegio. En un muro blanco
dibujas las alegorías del reposo, y es siempre una reina loca que yace
bajo la luna sobre la triste hierba del viejo jardín. Pero no hables de
los jardines, no hables de la luna, no hables de la rosa, no hables del
mar. Habla de lo que sabes. Habla de lo que vibra en tu médula y
hace luces y sombras en tu mirada, habla del dolor incesante de tus
huesos, habla del vértigo, habla de tu respiración, de tu desolación, de
tu traición. Es tan oscuro, tan en silencio el proceso a que me obligo.
Oh habla del silencio.

EXTRACTING THE STONE OF MADNESS

*Elles, les âmes (...), sont malades et elles souffrent et nul ne leur
porte-remède; elles sont blessées et brisées et nul ne les panse.*
— Jean de Ruysbroeck

The bad light is near and nothing is real. When I think of all that
I've read of the spirit — when I closed my eyes, I saw luminous
bodies turning in the mist, on the site of tenuous dwellings. Don't be
afraid, no one will come after you. All the grave robbers have gone.
Silence, always silence; the gold coins of sleep.

I speak the way I speak inside. Not with the voice intent on sound-
ing human, but with the other one, the one that insists I'm still a
creature of the forest.

If only you could see the one who is sleeping without you in the
ruined garden of my memory. There I am, drunk on a thousand
deaths, telling myself about me, if only to see if it's true that it's me
lying there beneath the grass. I don't know these names. Whom do
you tell you don't know? You wish to be someone else. Your other
self wishes she were someone else. What is happening in that green
grove? It so happens that it isn't even green; there isn't even a grove.
And now you've dressed up as a slave so as to hide your crown from
sight. Who gave that to you? Who anointed you? Who consecrated
you? The invisible inhabitants of earliest memory. Lost of your own
doing, you have exchanged your realm for ashes. Whoever gives you
pain reminds you of the homage that others used to pay you. But still
you sob tragically and call upon your madness, and you would go so
far as to have it removed — this thing, your last remaining privilege
— as if it were a stone. On a white wall, you draw allegories of rest,
and they're always of a mad queen who lies beneath the moon on the
sad lawns of an ancestral garden. But don't speak of gardens. Don't
speak of the moon. Don't speak of roses or of the sea. Speak of what
you know. Speak of the thing that rings in the marrow, that plays in
your eyes with shadow and light. Speak of the endless ache in your
bones. Speak of vertigo. Speak of respiration and of desolation and

De repente poseída por un funesto presentimiento de un viento negro que impide respirar, busqué el recuerdo de alguna alegría que me sirviera de escudo, o de arma de defensa, o aun de ataque. Parecía el Eclesiastés: busqué en todas mis memorias y nada, nada debajo de la aurora de dedos negros. Mi oficio (también en el sueño lo ejerzo) es conjurar y exorcizar. ¿A qué hora empezó la desgracia? No quiero saber. No quiero más que un silencio para mí y las que fui, un silencio como la pequeña choza que encuentran en el bosque los niños perdidos. Y qué sé yo qué ha de ser de mí si nada rima con nada.

Te despeñas. Es el sinfín desesperante, igual y no obstante contrario a la noche de los cuerpos donde apenas un manantial cesa aparece otro que reanuda el fin de las aguas.

Sin el perdón de las aguas no puedo vivir. Sin el mármol final del cielo no puedo morir.

En ti es de noche. Pronto asistirás al animoso encabritarse del animal que eres. Corazón de la noche, habla.

Haberse muerto en quien se era y en quien se amaba, haberse y no haberse dado vuelta como un cielo tormentoso y celeste al mismo tiempo.

Hubiese querido más que esto y a la vez nada.

Va y viene diciéndose solo en solitario vaivén. Un perderse gota a gota el sentido de los días. Señuelos de conceptos. Trampas de vocales. La razón me muestra la salida del escenario donde levantaron una iglesia bajo la lluvia: la mujer-loba deposita a su vástago en el umbral y huye. Hay una luz tristísima de cirios acechados por un soplo maligno. Llora la niña loba. Ningún dormido la oye. Todas las pestes y las plagas para los que duermen en paz.

Esta voz ávida venida de antiguos plañidos. Ingenuamente existes, te disfrazas de pequeña asesina, te das miedo frente al espejo. Hundirme en la tierra y que la tierra se cierre sobre mí. Éxtasis innoble. Tú sabes que te han humillado hasta cuando te mostraban el sol. Tú sabes que nunca sabrás defenderte, que sólo deseas presentarles el trofeo, quiero decir tu cadáver, y que se lo coman y se lo beban.

Las moradas del consuelo, la consagración de la inocencia, la alegría inadjetivable del cuerpo.

Si de pronto una pintura se anima y el niño florentino que miras ardientemente extiende una mano y te invita a permanecer a su lado en la terrible dicha de ser un objeto a mirar y admirar. No (dije), para

of your treason. It's so dark, so silent, this process that grips me. Just speak of the silence.

All of a sudden, I'm filled with the fatal premonition of a black wind that makes it hard to breathe. I searched for some memory of happiness that could shield me, that could serve me as armor, as a weapon. I was like the Preacher of Ecclesiastes: I dug through all my memories, and nothing, nothing beneath this early sun with its blackened fingers. I deal (even in sleep) in sorcery, in exorcism. When did these misfortunes begin? Not that I want to know. All I want is silence, for myself and for the selves I used to be, a silence like the magical cottage in the forest that lost children find in fairy tales. What am I supposed to know of what is to become of me, in the absence of rhyme or reason?

You fall from the precipice. The distressing endlessness of flowing with the current, and also against it, on the night of the bodies. Barely has one stream dried up that another flows out to meet it, in a relentless path to the sea.

I cannot live without the waters' forgiveness. I cannot die without the marble lid of heaven closing.

It's night inside of you. Soon you'll witness the rearing up of the brave animal that you are. Heart of night: I ask you to speak.

To die inside the person you were once and to die inside the person you loved, to have turned and not have turned, like a blue but storm-filled sky.

I would've wanted more than this, but also nothing.

The comings and goings, and him calling himself through this pendulum of solitude. Losing drop by drop a sense of time. The lure of concepts. The vowel traps. Reason shows me the path away from the stage where a church was raised up in the rain. The wolf deposits her cubs on the doorstep and vanishes. The mournful light of the tapers quakes from the threatening gusts. The female cub whimpers. No one asleep can hear her. Let every plague and pestilence befall all blissful sleepers.

This eager voice of mine comes from old laments. How innocent you are: you wear the costume of a young assassin, yet you scare yourself in the mirror. Lower me into the ground, and let the ground close in. The ignoble ecstasy. You know that they've humiliated you, even when they showed you the sun. You know that you'll never know

ser dos hay que ser distintos. Yo estoy fuera del marco pero el modo de ofrendarse es el mismo.

Briznas, muñecos sin cabeza, yo me llamo, yo me llamo toda la noche. Y en mi sueño un carromato de circo lleno de corsarios muertos en sus ataúdes. Un momento antes, con bellísimos atavíos y parches negros en el ojo, los capitales saltaban de un bergantín a otro como olas, hermosos como soles.

De manera que soñé capitanes y ataúdes de colores deliciosos y ahora tengo miedo a causa de todas las cosas que guardo, no un cofre de piratas, no un tesoro bien enterrado, sino cuantas cosas en movimiento, cuantas pequeñas figuras azules y doradas gesticulan y danzan (pero decir no dicen), y luego está el espacio negro — déjate caer, déjate caer —, umbral de la más alta inocencia o tal vez tan sólo de la locura. Comprendo mi miedo a una rebelión de las pequeñas figuras azules y doradas. Alma partida, alma compartida, he vagado y errado tanto para fundar uniones con el niño pintado en tanto que objeto a contemplar, y no obstante, luego de analizar los colores y las formas, me encontré haciendo el amor con un muchacho viviente en el mismo momento que el del cuadro se desnudaba y me poseía detrás de mis párpados cerrados.

Sonríe y yo soy una minúscula marioneta rosa con un paraguas celeste yo entro por su sonrisa yo hago mi casita en su lengua yo habito en la palma de su mano cierra sus dedos un polvo dorado un poco de sangre adiós oh adiós.

Como una voz no lejos de la noche arde el fuego más exacto. Sin piel ni huesos andan los animales por el bosque hecho cenizas. Una vez el canto de un solo pájaro te había aproximado al calor más agudo. Mares y diademas, mares y serpientes. Por favor, mira cómo la pequeña calavera de perro suspendida del cielo raso pintado de azul se balancea con hojas secas que tiemblan en torno de ella. Grietas y agujeros en mi persona escapada de un incendio. Escribir es buscar en el tumulto de los quemados el hueso del brazo que corresponda al hueso de la pierna. Miserable mixtura. Yo restauro, yo reconstruyo, yo ando así de rodeada de muerte. Y es sin gracia, sin aureola, sin tregua. Y esa voz, esa elegía a una causa primera: un grito, un soplo, un respirar entre dioses. Yo relato mi víspera, ¿Y qué puedes tú? Sales de tu guarida y no entiendes. Vuelves a ella y ya no importa entender o no. Vuelves a salir y no entiendes. No hay por donde respirar y tú hablas del soplo de los dioses.

how to defend yourself, that all you want is to give them the trophy — I mean your corpse — and to have them drink from it and pick it clean.

The sites of consolation, the consecration of innocence, the unadjectivable happiness of the body.

What if all of a sudden a painting should come to life and the Florentine boy inside it whom you'd been studying intently should reach out his hand and invite you to live by his side, to accept the terrible honor of becoming an object that is seen and admired. No (I said), in order for us to be two, each of us has to be different. I am outside the frame, but the way we offer ourselves is the same.

Clumps of grass, headless dolls; I call for myself, I call myself all night long. And in my dream, there is a circus wagon filled with dead corsairs lying in their coffins. A moment earlier, in their finery, with black patches over one eye, the sea captains leapt like waves from one brig to another, as beautiful as suns.

So that I dream of captains and of deliciously colored coffins and now I am afraid given all that I carry inside me, not a pirate's bounty, not a well-buried treasure. Not that, but so many things in motion, so many figurines in blue and gold that dance and gesticulate (but no speaking for them), and then there is the black space — let yourself fall and fall — the threshold of your greatest innocence or merely the border of madness. I see my fear as a kind of mutiny among these blue and gold figurines. A cracked soul, a soul parceled out. I have roamed and wandered far to form a union with the painted Florentine, to be another object of contemplation. But then I analyze the colors and the shapes, and I find myself making love to a live young man, even as the Florentine strips me and takes me behind my closed eyelids.

He smiles, and I become a tiny marionette, pink with a pale blue umbrella, and I enter through that smile I build my little house on his tongue I inhabit the palm of his hand closing his fingers a gold powder a bit of blood and then goodbye, my love, goodbye.

Like a voice not far from night, this is how the most exacting fire burns. Without skin or bones, the animals roam through the ashes that remain of the forest. Once, the song of a single bird gave you a shrilling heat. Seas and diadems, seas and serpents. Please note how the skull of that little dog is suspended from a clear sky painted blue

No me hables del sol porque me moriría. Llévame como a una princesita ciega, como cuando lenta y cuidadosamente se hace el otoño en un jardín.

Vendrás a mí con tu voz apenas coloreada por un acento que me hará evocar una puerta abierta, con la sombra de un pájaro de bello nombre, con lo que esa sombra deja en la memoria, con lo que permanece cuando avientan las cenizas de una joven muerta, con los trazos que duran en la hoja después de haber borrado un dibujo que representaba una casa, un árbol, el sol y un animal.

Si no vino es porque no vino. Es como hacer el otoño. Nada esperabas de su venida. Todo lo esperabas. Vida de tu sombra ¿qué quieres? Un transcurrir de fiesta delirante, un lenguaje sin límites, un naufragio en tus propias aguas, oh avara.

Cada hora, cada día, yo quisiera no tener que hablar. Figuras de cera los otros y sobre todo yo, que soy más otra que ellos. Nada pretendo en este poema si no es desanudar mi garganta.

Rápido, tu voz más oculta. Se transmuta, te transmite. Tanto que hacer y yo me deshago. Te excomulgan de ti. Sufro, luego no sé. En el sueño el rey moría de amor por mí. Aquí, pequeña mendiga, te inmunizan. (Y aún tienes cara de niña; varios años más y no les caerás en gracia ni a los perros.)

> mi cuerpo se abría al conocimiento de mi estar
> y de mi ser confusos y difusos
> mi cuerpo vibraba y respiraba
> según un canto ahora olvidado
> yo no era aún la fugitiva de la música
> yo sabía el lugar del tiempo
> y el tiempo del lugar
> en el amor yo me abría
> y ritmaba los viejos gestos de la amante
> heredera de la visión
> de un jardín prohibido

La que soñó, la que fue soñada. Paisajes prodigiosos para la infancia más fiel. A falta de eso — que no es mucho — , la voz que injuria tiene razón.

La tenebrosa luminosidad de los sueños ahogados. Agua dolorosa.

and swings with the dry leaves that rustle around it. Cracks and holes in my body, this refugee of fire. To write is to rummage through a tumult of burnt bodies, for the arm bone that corresponds to the leg bone. A miserable mixture. I restore, I reconstruct, so surrounded am I by death. Without truce, without halo, without grace. And that voice, that elegy for a prime mover: a scream, a gust, a murmur among the gods. I make vespers. And what about you? You emerge from your lair and don't understand. You leave again and it doesn't matter if you don't understand. There's no air, yet you speak of the breath of gods.

Don't speak to me of the sun or I'll die. Lead me as if I were a little blind princess, like with the slow and careful arrival of autumn in the garden.

You'll come to me with a faint accent that evokes an open door, or the shadow of a finely named bird, or the residue of shadow in my memory, or the substance that lingers after they throw the young woman's ashes to the wind, or the trace of lines on the page when you erase the drawing of a house or a tree or a sun or an animal.

If he didn't arrive, it's because he didn't. It's like autumn arriving. You expect nothing from its arrival. You expect everything. Dear life of my shadow: what do you want? The flow of delirious festivals, a language without limits, a shipwreck in your own waters. So miserly.

Every hour, every day, I wish I didn't have to speak. Everyone is made of wax, and me most of all. I am more other than the others. What I want from this poem is the loosening of my throat.

Quickly, your most secret voice: it transmutes, it transmits you. So much to do and so I undo myself. They banish you from yourself. I feel pain, and then I don't know. In the dream, the king died of his love for me. Here, little beggar, they'll inoculate you. (You still have the face of a little girl, though give it a few years, and you won't even charm the dogs.)

> my body opened at the knowledge of existence
> and of being, confused and diffused
> my body trembled and sighed
> to a forgotten song
> not yet a fugitive of music
> I knew the place of time
> and the time of place

El sueño demasiado tarde, los caballos blancos demasiado tarde, el haberme ido con una melodía demasiado tarde. La melodía pulsaba mi corazón y yo lloré la pérdida de mi único bien, alguien me vio llorando en el sueño y yo expliqué (dentro de lo posible), mediante palabras simples (dentro de lo posible), palabras buenas y seguras (dentro de lo posible). Me adueñé de mi persona, la arranqué del hermoso delirio, la anonadé a fin de serenar el terror que alguien tenía a que me muriera en su casa.

¿Y yo? ¿A cuántos he salvado yo?

El haberme prosternado ante el sufrimiento de los demás, el haberme acallado en honor de los demás.

Retrocedía mi roja violencia elemental. El sexo a flor de corazón, la vía del éxtasis entre las piernas. Mi violencia de vientos rojos y de vientos negros. Las verdaderas fiestas tienen lugar en el cuerpo y en los sueños.

Puertas del corazón, perro apaleado, veo un templo, tiemblo, ¿qué pasa? No pasa. Yo presentía una escritura total. El animal palpitaba en mis brazos con rumores de órganos vivos, calor, corazón, respiración, todo musical y silencioso al mismo tiempo. ¿Qué significa traducirse en palabras? Y los proyectos de perfección a largo plazo; medir cada día la probable elevación de mi espíritu, la desaparición de mis faltas gramaticales. Mi sueño es un sueño sin alternativas y quiero morir al pie de la letra del lugar común que asegura que morir es soñar. La luz, el vino prohibido, los vértigos, ¿para quién escribes? Ruinas de un templo olvidado. Si celebrar fuera posible.

Visión enlutada, desgarrada, de un jardín con estatuas rotas. Al filo de la madrugada los huesos te dolían. Tú te desgarras. Te lo prevengo y te lo previne. Tú te desarmas. Te lo digo, te lo dije. Tú te desnudas. Te desposees. Te desunes. Te lo predije. De pronto se deshizo: ningún nacimiento. Te llevas, te sobrellevas. Solamente tú sabes de este ritmo quebrantado. Ahora tus despojos, recogerlos uno a uno, gran hastío, en dónde dejarlos. De haberla tenido cerca, hubiese vendido mi alma a cambio de invisibilizarme. Ebria de mí, de la música, de los poemas, por qué no dije del agujero de ausencia. En un himno harapiento rodaba el llanto por mi cara. ¿Y por qué no dicen algo? ¿Y para qué este gran silencio?

I opened for love
and moved through the rhythms of a lover
an heiress to a vision
of forbidden gardens

She who dreamed, and she who was dreamt up. Gorgeous land-scapes for the truest childhood. For want of this, which isn't much, the offending voice is in the right.

The darkening brilliance of dreams that drowned. Painful water.

Too late for the dream, too late for the white horses, too late for leaving with a melody. The melody beat in my heart and I grieved the loss of my only belonging. Someone saw me crying in the dream and I explained (as much as possible) with simple words (as much as possible), with good and secure words (as much as possible). I re-composed my self and pulled her out of her lovely delirium, I tamed her for the sakes of those who feared I'd die in their home.

What about me? How many have I saved?

After prostrating myself before the pain of others, after silencing myself in honor of everyone else. My red and elemental violence re-treated. The sex worn on our hearts, the way to ecstasy between the legs. My violence of red and black winds. The real celebrations take place in the body and in dreams.

Doors that lead to the heart, the beaten dog, I see a temple, I tremble. What is happening? Nothing is happening. I used to en-vision a total writing. The animal was alive in my arms, with the promise of working organs, of warmth and heart and breath, every-thing silent and musical. What does it mean to translate yourself into words? And what about the long-held projects of self-perfection? Ev-ery day you measure the approximate elevation of my spirit, and the disappearance of my grammatical mistakes. Mine is a dream without an alternative, and I want to die to the letter of the law of the com-monplace, where we are assured that dying is the same as dreaming. The light, the forbidden wine, the vertigo. Who is it you write for? The ruins of an abandoned temple. If only celebration were possible.

A mournful vision, splintered, of a garden of broken statues. Your bones ache on the brink of morning. You split open. I am warn-ing you and I warned you. You disarm. I tell you and I told you. You undress. You divest. You come undone. I had predicted this. All of

it dissolved, suddenly: no birth. You carry yourself off, you overtake yourself. Only you know this jarring rhythm. Now for gathering your remains: you collect them one by one, and the great tedium, where to leave them. If I'd had it close at hand, I would've traded in my soul to be invisible. Drunk on myself, on music; drunk on poems and on (why not just say it) the void of absence. In a ragged hymn, the tears rolled down my face. Why doesn't anyone say anything? Why the great silence?

EL SUEÑO DE LA MUERTE O EL LUGAR
DE LOS CUERPOS POÉTICOS

> *Esta noche, dijo, desde el ocaso,*
> *me cubrían con una mortaja negra en*
> *un lecho de cedro.Me escanciaban vino*
> *azul mezclado con amargura.*
>
> — EL CANTAR DE LAS HUESTES DE ÍGOR

Toda la noche escucho el llamamiento de la muerte, toda la noche escucho el canto de la muerte junto al río, toda la noche escucho la voz de la muerte que me llama.

Y tantos sueños unidos, tantas posesiones, tantas inmersiones en mis posesiones de pequeña difunta en un jardín de ruinas y de lilas. Junto al río la muerte me llama. Desoladamente desgarrada en el corazón escucho el canto de la más pura alegría.

Y es verdad que he despertado en el lugar del amor porque al oír su canto dije: es el lugar del amor. Y es verdad que he despertado en el lugar del amor porque con una sonrisa de duelo yo oí su canto y me dije: es el lugar del amor (pero tembloroso pero fosforescente).

Y las danzas mecánicas de los muñecos antiguos y las desdichas heredadas y el agua veloz en círculos, por favor, no sientas miedo de decirlo: el agua veloz en círculos fugacísimos mientras en la orilla el gesto detenido de los brazos detenidos en un llamamiento al abrazo, en la nostalgia más pura, en el río, en la niebla, en el sol debilísimo filtrándose a través de la niebla.

Más desde adentro: el objeto sin nombre que nace y se pulveriza en el lugar en que el silencio pesa como barras de oro y el tiempo es un viento afilado que atraviesa una grieta y es esa su sola declaración. Hablo del lugar en que se hacen los cuerpos poéticos — como una cesta llena de cadáveres de niñas. Y es en ese lugar donde la muerte está sentada, viste un traje muy antiguo y pulsa un arpa en la orilla el río lúgubre, la muerte en un vestido rojo, la bella, la funesta, la espectral, la que toda la noche pulsó un arpa hasta que me adormecí dentro del sueño.

¿Qué hubo en el fondo del río? ¿Qué paisajes se hacían y deshacían detrás del paisaje en cuyo centro había un cuadro donde estaba

THE DREAM OF DEATH, OR THE SITE
OF THE POETICAL BODIES

"This evening, at dusk," he said, "they fitted me
with a black shroud and placed me on
a bed of yew. They poured a blue wine over me
and they mixed it well with bitterness."
— THE LAY OF THE HOST OF IGOR

All night long I hear the call of death, all night long I hear the song of death down by the river, all night long I hear the voice of death calling out to me.

So many merging dreams, so many possessions, so many immersions into my dead-little-girl possessions in the garden of lilac and ruins. Death is calling me down by the river. With a torn heart, desolate, I listen to that song of purest happiness.

And it's true that I've woken up in the place of love, because as soon as I heard its song, I said, *This is the place of love.* And it's true that I've woken up in the place of love, because I heard its song with a smile of pain and told myself, *This is the place of love* (if trembling, if phosphorescent).

And the mechanical dancing of the antique dolls and the inherited misfortunes and the rapids swirling in fleeting circles. Please don't be afraid to say it: the rapids swirling, while on the riverbanks the frozen gesture of frozen arms extended in an embrace, in the purest nostalgia, in the river, in the mist, in the feeble sun diluted through the mist.

More from within: the nameless object born and pulverized in the place where silence weighs down like bars of gold and time is a gashing wind whose sole expression is to whistle through the crevices. I speak of the place where the poetical bodies are fashioned — a bin filled with the corpses of girls. And that is where death presides, clad in a very old suit and playing a harp on the banks of a turgid river, or else it's death in a red dress, beautiful and sorrowful and spectral, playing a harp all night long until I fall asleep in my dream.

What lay at the bottom of the river? What landscapes made and unmade themselves behind the landscape in whose center was the

pintada una bella dama que tañe un laúd y canta junto a un río? Detrás, a pocos pasos, veía el escenario de cenizas donde represienté mi nacimiento. El nacer, que es un acto lúgubre, me causaba gracia. El humor corroía los bordes reales de mi cuerpo de modo que pronto fui una figura fosforescente: el iris de un ojo lila tornasolado; una centelleante niña de papel plateado a medias ahogada dentro de un vaso de vino azul. Sin luz ni guía avanzaba por el camino de las metamorfosis. Un mundo subterráneo de criaturas de formas no acabadas, un lugar de gestación, un vivero de brazos, de troncos, de caras, y las manos de los muñecos suspendidas como hojas de los fríos árboles filosos aleteaban y resonaban movidas por el viento, y los troncos sin cabeza vestidos de colores tan alegres danzaban rondas infantiles junto a un ataúd lleno de cabezas de locos que aullaban como lobos, y mi cabeza, de súbito, parece querer salirse ahora por mi útero como si los cuerpos poéticos forcejearan por irrumpir en la realidad, nacer a ella, y hay alguien en mi garganta, alguien que se estuvo gestando en soledad, y yo, no acabada, ardiente por nacer, me abro, se me abre, va a venir, voy a venir. El cuerpo poético, el heredado, el no filtrado por el sol de la lúgubre mañana, un grito, una llamada, una llamarada, un llamamiento. Sí. Quiero ver el fondo del río, quiero ver si aquello se abre, si irrumpe y florece del lado de aquí, y vendrá o no vendrá pero siento que está forcejeando, y quizás y tal vez sea solamente la muerte.

La muerte es una palabra.

La palabra es una cosa, la muerte es una cosa, es un cuerpo poético que alienta en el lugar de mi nacimiento.

Nunca de este modo lograrás circundarlo. Habla, pero sobre el escenario de cenizas; habla, pero desde el fondo del río donde está la muerte cantando. Y la muerte es ella, me lo dijo el sueño, me lo dijo la canción de la reina. La muerte de cabellos del color del cuervo, vestida de rojo, blandiendo en sus manos funestas un laúd y huesos de pájaro para golpear en mi tumba, se alejó cantando y contemplada de atrás parecía una vieja mendiga y los niños le arrojaban piedras.

Cantaba en la mañana de niebla apenas filtrada por el sol, la mañana del nacimiento, y yo caminaría con una antorcha en la mano por todos los desiertos de este mundo y aun muerta te seguiría buscando, amor mío perdido, y el canto de la muerte se desplegó en el término de una sola mañana, y cantaba, y cantaba.

portrait of a beautiful lady playing a lute and singing by the river? A few paces behind that, I saw the stage of ashes where I once acted out my own birth. To be born is a miserable thing, but this time around it made me laugh. Humor corroded my extremities and made me phosphorescent: the iris of one eye was an iridescent lilac, a sparkling girl made of silvery paper, half-drowning in a glass of blue wine. I had neither light nor guide as I traveled the path of metamorphosis. A subterranean world of creatures with unfinished forms: a place for gestation, a hothouse for arms and torsos and faces, and for the hands of puppets hanging like dead leaves from cold, sharp trees, all flapping and resounding in the wind. The headless torsos clad in vivid colors danced a ring-around-the-rosy by a coffin stuffed with the heads of madmen who howled like wolves. Suddenly, my head wants to emerge through my uterus as if the poetical bodies were struggling to burst into reality and be born in it, and there is someone in my throat, someone who gestated in solitude, and I, unfinished but still burning to be born, open — I am opened up — and she is coming out, and so will I. The poetical body is inherited and never exposed to the gloomy morning sun — there is a cry and a crier and an outcry, and a crisis of flames. Yes. I would like to see the bottom of the river, I would like to see if that thing opens, if it bursts and blooms at my side, and it will or will not come, but I can sense its struggle. I can think that maybe it is only death.

Death is a word.

The word is a thing, death is a thing, a poetical body that draws breath at the site of my birth.

You'll never manage to get around it this way. It speaks, but from above a stage of ashes; it speaks, but from the bottom of the river, where death is singing. And this is death, my dream said and the queen's song said: Death's hair is a murder of crows and is dressed in red, and in her terrible hands she holds out a lute and the bones of birds to beat against my grave. She walked away singing and looked like an old beggar, and the children pelted her with stones.

She sang in a fog that the sun could barely shine through, on the morning of the birth — and I would wander with a torch in my hand across all the deserts of this world, even after death, to search for you, my dear lost love — and the song of death unfolded in the course of a single morning, and she sang and sang.

También cantó en la vieja taberna cercana del puerto. Había un payaso adolescente y yo le dije que en mis poemas la muerte era mi amante y mi amante era la muerte y él dijo: tus poemas dicen la justa verdad. Yo tenía dieciséis años y no tenía otro remedio que buscar el amor absoluto. Y fue en la taberna del puerto que cantó la canción. Escribo con los ojos cerrados, escribo con los ojos abiertos: que se desmorone el muro, que se vuelva río el muro.

La muerte azul, la muerte verde, la muerte roja, la muerte lila, en las visiones del nacimiento.

El traje azul y plata fosforescente de la plañidera en la noche medieval de toda muerte mía.

La muerte está cantando junto al río.

Y fue en la taberna del puerto que cantó la canción de la muerte.

Me voy a morir, me dijo, me voy a morir.

Al alba venid, buen amigo, al alba venid.

Nos hemos reconocido, nos hemos desaparecido, *amigo el que yo más quería.*

Yo, asistiendo a mi nacimiento. Yo, a mi muerte.

Y yo caminaría por todos los desiertos de este mundo y aun muerta te seguiría buscando, a ti, que fuiste el lugar del amor.

She also sang in the old tavern by the pier. I saw an adolescent clown and told him that in my poems death was my lover and my lover was death, and he said, "Your poems speak the truth." I was sixteen and had no choice but to search for absolute love. And it was in the tavern by the pier where she sang her song.

I write with my eyes shut. I write with my eyes wide open. Let the wall fall down. Let the wall turn into a river.

In the visions of birth: the blue death, the green death, the red death, the lilac.

The dress of the hired mourner, in phosphorescent silvers and blues, on the medieval night of each of my deaths.

Death is singing by the river.

And it was in the tavern by the pier that she sang her song of death.

"I'm going to die," she told me. "I'm going to die."

Come unto the dawn, good love, come unto the dawn.

We have recognized each other and we have disappeared, *oh friend, my best beloved.*

I, being present at my birth. And I, at my death.

And I would wander across all the deserts of this world, even after death, to search for you — you who were the place of love.

Golpes en la tumba. Al filo de las palabras golpes en la tumba. Quién vive, dije. Yo dije quién vive. Y hasta cuándo esta intromisión de lo externo de lo interno, o de lo menos interno de lo interno, que se va tejiendo como un manto de arpillera sobre mi pobreza indecible. No fue el sueño, no fue la vigilia, no fue el crimen, no fue el nacimiento: solamente el golpear como con un pesado cuchillo sobre la tumba de mi amigo. Y lo absurdo de mi costado derecho, lo absurdo de un sauce inclinado hacia la derecha sobre un río, mi brazo derecho, mi hombro derecho, mi oreja derecha, mi pierna derecha, mi posesión derecha, mi desposesión. Desviarme hacia mi muchacha izquierda — manchas azules en mi palma izquierda, misteriosas manchas azules —, mi zona de silencio virgen, mi lugar de reposo en donde me estoy esperando. No, aún es demasiado desconocida, aún no sé reconocer estos sonidos nuevos que están iniciando un canto de queja diferente del mío que es un canto de quemada, que es un canto de niña perdida en una silenciosa ciudad en ruinas.

¿Y cuántos centenares de años hace que estoy muerta y te amo?

Escucho mis voces, los coros de los muertos. Atrapada entre las rocas; empotrada en la hendidura de una roca. No soy yo la hablante: es el viento que me hace aletear para que yo crea que estos cánticos del azar que se formulan por obra del movimiento son palabras venidas de mí.

Y esto fue cuando empecé a morirme, cuando golpearon en los cimientos y me recordé.

Suenan las trompetas de la muerte. El cortejo de muñecas de corazones de espejo con mis ojos azul-verdes reflejados en cada uno de los corazones. Imitas viejos gestos heredados. Las damas de antaño cantaban entre muros leprosos, escuchaban las trompetas de la muerte, miraban desfilar — ellas, las imaginadas — un cortejo imaginario de muñecas con corazones de espejo y en cada corazón mis ojos de pájara de papel dorado embestida por el viento. La imaginada pajarita cree cantar; en verdad sólo murmura como un sauce inclinado sobre el río.

Muñequita de papel, yo la recorté en papel celeste, verde, rojo, y se quedó en el suelo, en el máximo de la carencia de relieves y de dimensiones. En medio del camino te incrustaron, figurita errante, estás en

Beating on the grave. On the border of language, they are beating on the grave. *Who's there?* I asked. I said who's there. And how much more of this intrusion of the external into the internal, or of the less internal into the internal, that weaves like a burlap cloak over my unspeakable poverty. It wasn't the dream, it wasn't the vigil, it wasn't the crime or the birth: it was only the heavy blow like a knife blow on the grave of a friend. And the absurdity of my right side, the absurdity of a willow tree leaning on its right side over the river, my right arm, my right shoulder, my right ear, my right leg, my right possession and dispossession. To turn aside toward my left girl — blue stains, mysterious blue stains on my left palm — a space of virgin silence, a place of rest where I wait for myself. No, she's still too unknown, I still can't recognize these new sounds that begin as a song of protest that is different from my own, which is a song of burning, the song of a girl lost in a silent ruined city.

And how many centuries has it been since I've been dead and loved you?

I hear my voices, the chorus of the dead. Trapped between the boulders, recessed in the cleft of a rock. I am not the one who speaks. It is the wind, which makes me flail my arms, which makes me think that the chorus of chance, shaped by this flailing, are words that come from myself.

And this was when I began to die, when they struck the foundations and I remembered myself.

The trumpets of death are blaring. A procession of dolls with mirror hearts that all stare back with my blue-green eyes. You mimic the old hand-me-down gestures. The ladies of antiquity went to the wall of lepers and sang among them and listened to the trumpets, and watched — they, the imagined ones — an imaginary procession of dolls whose mirror hearts reflected my eyes, the eyes of a gold-paper bird assailed by the winds. This little imaginary bird thinks it is singing when it can barely warble. It is like a willow tree bending over a river.

The little paper doll: I cut her out of green and red and sky-blue paper, and she lay flat on the floor, extreme in her lack of volume or dimension. They set you in the middle of the road, little wanderer, and you are in the middle of a road where no one can identify you.

el medio del camino y nadie te distingue pues no te diferencias del suelo aun si a veces gritas, pero hay tantas cosas que gritan en un camino ¿por qué irían a ver qué significa esa mancha verde, celeste, roja?

Si fuertemente, a sangre y fuego, se graban mis imágenes, sin sonidos, sin colores, ni siquiera lo blanco. Si se intensifica el rastro de los animales nocturnos en las inscripciones de mis huesos. Si me afinco en el lugar del recuerdo como una criatura se atiene a la saliente de una montaña y al más pequeño movimiento hecho de olvido cae — hablo de lo irremediable, pido lo irremediable —, el cuerpo desatado y los huesos desparramados en el silencio de la nieve traidora. Proyectada hacia el regreso, cúbreme con una mortaja lila. Y luego cántame una canción de una ternura sin precedentes, una canción que no diga de la vida ni de la muerte sino de gestos levísimos como el más imperceptible ademán de aquiescencia, una canción que sea menos que una canción, una canción como un dibujo que representa una pequeña casa debajo de un sol al que le faltan algunos rayos; allí ha de poder vivir la muñequita de papel verde, celeste y rojo; allí se ha de poder erguir y tal vez andar en su casita dibujada sobre una página en blanco.

Even when you scream, there is no distinction between yourself and the ground, since there are, after all, so many things on the road that could scream. Why would anyone stop to consider the meaning of such a green and red and sky-blue blemish?

If you press them, with blood or fire, my images leave imprints, without sound, without color (not even white). If the tracks of night animals etched into the inscriptions on my bones — If I rooted into the place of memory the way an animal padding along a mountain ledge could suddenly make the slightest misstep and fall — I speak of the irreparable, I ask for nothing less than the irreparable — the unbound body and the bones scattered into the silence of that treacherous snow. Looking ahead to my return, I want you to dress me in a lilac shroud. And then sing me a song of unprecedented tenderness. A song that doesn't speak of life or death, but of the slightest gesture, of the most imperceptible sign of acquiescence, a song that isn't quite a song, a song like the drawing of a little house beneath a sun that's missing some of its rays. That's where the girl made of green and red and sky-blue paper might live. Maybe she'll stand on her own there, maybe even walk around in that little house of hers, which someone has drawn on a blank sheet of paper.

EL INFIERNO MUSICAL

(1971)

A MUSICAL HELL

(1971)

FIGURAS DEL PRESENTIMIENTO

COLD IN HAND BLUES

y qué es lo que vas a decir
voy a decir solamente algo
y qué es lo que vas a hacer
voy a ocultarme en el lenguaje
y por qué
tengo miedo

I.

THE SHAPES OF A PREMONITION

COLD IN HAND BLUES

and what is it you're going to say
i'm just going to say something
and what's this you're going to do
i'm going to hide behind language
and why is that
i'm afraid

No puedo hablar con mi voz sino con mis voces.

Sus ojos eran la entrada del templo, para mí, que soy errante, que amo y muero. Y hubiese cantado hasta hacerme una con la noche, hasta deshacerme desnuda en la entrada del tiempo.

Un canto qu atravieso como un túnel.

Presencias inquietantes,
gestos de figuras que se aparecen vivientes por obra de un lenguaje activo que las alude,
signos que insinúan terrores insolubles.

Una vibración de los cimientos, un trepidar de los fundamentos, drenan y barrenan,
y he sabido dónde se aposenta aquello tan otro que es yo, que espera que me calle para tomar posesión de mí y drenar y barrenar los cimientos, los fundamentos,
aquello que me es adverso desde mí, conspira, toma posesión de mi terreno baldío,

no,
   he de hacer algo,
no,
   he de hacer nada,

algo en mí no se abandona a la cascada de cenizas que me arrasa dentro de mí con ella que es yo, conmigo que soy ella y que soy yo, indeciblemente distinta de ella.

En el silencio mismo (no en el mismo silencio) tragar noche, una noche inmensa inmersa en el sigilo de los pasos perdidos.

No puedo hablar para nada decir. Por eso nos perdemos, yo y el poema, en la tentativa inútil de transcribir relaciones ardientes.

CORNERSTONE

I cannot speak with my voice, but I speak with my voices.

Those eyes were the entrance to the temple, for me, a wanderer who loves and dies — I would've sung until merging with the night, until dissolving naked at the opening of time.

A song — a tunnel I pass through.

Disquieting presences,
gestures of figures that spring to life through the workings of an active language that alludes to them,
signs insinuating insoluble terrors.

A trembling of the frame, a tremor through the foundation, the draining and drilling,
and I know where that thing is lodged — that otherness so great that it is my self, that lies in wait for me to be quiet before it can take possession of me, and drain and drill into the frame, the foundation — that part of my self that opposes me from within me, that schemes — that takes possession of my fallowness,

no,
I should do something;
no,
I should do nothing at all;

something inside me won't give in to the avalanche of ash that can sweep through my insides with her who is me, with myself who is she and is I, unspeakably different from her.

To swallow the night in its very silence (which is not to say every silence) — a night that's immense, and immersed in the stealth of lost footsteps.

I can't just speak and say nothing. That's how we lose ourselves, the poem and I, in the hopeless attempt to write the things that burn.

¿A dónde la conduce esta escritura? A lo negro, a lo estéril, a lo fragmentado.

Las muñecas desventradas por mis antiguas manos de muñeca, la desilusión al encontrar pura estopa (pura estepa tu memoria): el padre, que tuvo que ser Tiresias, flota en el río. Pero tú, ¿por qué te dejaste asesinar escuchando cuentos de álamos nevados?

Yo quería que mis dedos de muñeca penetraran en las teclas. Yo no quería rozar, como una araña, el teclado. Yo quería hundirme, clavarme, fijarme, petrificarme. Yo quería entrar en el teclado para entrar adentro de la música para tener una patria. Pero la música se movía, se apresuraba. Sólo cuando un refrán reincidía, alentaba en mí la esperanza de que se estableciera algo parecido a una estación de trenes, quiero decir: un punto de partida firme, desde el lugar, hacia el lugar, en unión y fusión con el lugar. Pero el refrán era demasiado breve, de modo que yo no podía fundar una estación pues no contaba más que con un tren algo salido de los rieles que se contorsionaba y se distorcionaba. Entonces abandoné la música y sus traiciones porque la música estaba más arriba o más abajo, pero no en el centro, en el lugar de la fusión y del encuentro. (Tú que fuiste mi única patria, ¿en dónde buscarte? Tal vez en este poema que voy escribiendo.)

Una noche en el circo recobré un lenguaje perdido en el momento que los jinetes con antorchas en la mano galopaban en ronda feroz sobre corceles negros. Ni en mis sueños de dicha existirá un coro de ángeles que suministre algo semejante a los sonidos calientes para mi corazón de los cascos contra las arenas.

(*Y me dijo: Escribe; porque estas palabras son fieles y verdaderas.*)

(*Es un hombre o una piedra o un árbol el que va a comenzar el canto ...*)

Y era un estremecimiento suavemente trepidante (lo digo para aleccionar a la que extravió en mí su musicalidad y trepida con más disonancia que un caballo azuzado por una antorcha en las arenas de un país extranjero.)

Estaba abrazada al suelo, diciendo un nombre. Creí que me había

Where does this writing lead her? To blackness, to the sterile and the fragmented.

Dolls gutted by my worn doll hands — the disappointment that they're made of burlap (and your memory, a barren lap): the priest — it must be Tiresias — is floating down the river. But as for you, why did you let them kill you while listening to that story of the snow-covered poplars?

I wanted my doll fingers to go inside the keys. I didn't want to pass lightly over the keyboard like a spider. What I wanted was to sink into it, to fasten and nail myself there, then harden into stone. I wanted to go into the keyboard in order to go inside the music and find my own country. But the music — it swayed, it rushed. Only in the recurring refrains could I hope that a structure resembling a train station might be built: a firm and steady starting point, a place for departures, for moving from the place, and to the place, and for being in union and fusion with the place. But the refrains were always too brief: I could never begin laying down a foundation, since I couldn't rely on there ever being more than one train — a slightly derailed one, at that, that contorted and contracted its spine. So I abandoned music and its treachery, because the music was either too high or too low, never at the center, in the place of fusion and encounter. (You who were my only country: where should I look for you? Maybe in this poem as I write it.)

One night, at the circus, I recovered a lost language — the very moment the horsemen furiously rode by with brandished torches on their black, galloping steeds. Not even in my wildest dreams could the angelic orders ever rally heartbeats to rival the hot, roiling sounds of those hooves across the sand.

(And he said unto me: Write, for these words are faithful and true.)

(A man or a stone or a tree will begin the song.)

It was a soft shudder. (Let this be a lesson for the one who losther musicality in me and is shaking more dissonantly than a horse spooked by torches through the sands of a foreign country.)

muerto y que la muerte era decir un nombre sin cesar.

No es esto, tal vez, lo que quiero decir. Este decir y decirse no es grato. No puedo hablar con mi voz sino con mis voces. También este poema es posible que sea una trampa, un escenario más.

Cuando el barco alternó su ritmo y vaciló en el agua violenta, me erguí como la amazona que domina solamente con sus ojos azules al caballo que se encabrita (¿o fue con sus ojos azules?). El agua verde en mi cara, he de beber de ti hasta que la noche se abra. Nadie puede salvarme pues soy invisible aun para mí que me llamo con tu voz. ¿En dónde estoy? Estoy en un jardín.

Hay un jardín.

I was cleaving to the floor, calling out a name. I thought I had died and that death meant repeating a name forever.

Maybe this isn't what I wanted to say. To speak, and speak of the self like this, is hardly pleasant. I cannot speak with my voice, but I speak with my voices. Or it could be that this poem is a trap, or simply another scene in a play.

When the ship lost its rhythm and began rocking on the violent water, I stood up like the Amazon who could subdue a rearing horse with just her blue eyes. (Or was it her blue eyes?) Greenish water on my face: I will drink from you until the night opens. No one can save me. I'm invisible even to myself. Here I am, calling to myself with your voice. Where am I? I am in a garden.

There is a garden.

En donde el miedo no cuenta cuentos y poemas, no forma figuras de terror y de gloria.

Vacío gris es mi nombre, mi pronombre.

Conozco la gama de los miedos y ese comenzar a cantar despacito en el desfiladero que reconduce hacia mi desconocida que soy, mi emigrante de sí.

Escribo contra el miedo. Contra el viento con garras que se aloja en mi respiración.

Y cuando por la mañana temes encontrarte muerta (y que no haya más imágenes): el silencio de la compresión, el silencio del mero estar, en esto se van los años, en estos se fue la bella alegría animal.

Where fear neither speaks in stories or poems, nor gives shape to terrors or triumphs.

My name, my pronoun — a grey void.

I'm familiar with the full range of fear. I know what it's like to start singing and to set off slowly through the narrow mountain pass that leads back to the stranger in me, to my own emigrant.

I write to ward off fear and the clawing wind that lodges in my throat.

And in the morning, when you are afraid of finding yourself dead (of there being no more images): the silence of compression, the silence of existence itself. This is how the years fly by. This is how we lost that beautiful animal happiness.

Golpean con soles

Nada se acopla con nada aquí

Y de tanto animal muerto en el cementerio de huesos filosos de mi memoria

Y de tantas monjas como cuervos que se precipitan a hurgar entre mis piernas

La cantidad de fragmentos me desgarra

Impuro diálogo

Un proyectarse desesperado de la materia verbal

Liberada a sí misma

Naufragando en sí misma

A MUSICAL HELL

They strike with suns

Nothing couples with anything here

And with so much carrion in this graveyard for the sharp bones of my memory

And with so many nuns who rush like crows to poke between my legs

All these fragments rend me

Impure dialogue

A desperate expulsion from the verbal matter

Free unto herself

Shipwrecking into herself

La noche, de nuevo la noche, la magistral sapiencia de lo oscuro, el cálido roce de la muerte, un instante de éxtasis para mí, heredera de todo jardín prohibido.

Pasos y voces del lado sombrío del jardín. Risas en el interior de las paredes. No vayas a creer que están vivos. No vayas a creer que no están vivos. En cualquier momento la fisura en la pared y el súbito desbandarse de las niñas que fui.

Caen niñas de papel de variados colores. ¿Hablan los colores? ¿Hablan las imágenes de papel? Solamente hablan las doradas y de ésas no hay ninguna por aquí.

Voy entre muros que se acercan, que se juntan. Toda la noche hasta la aurora salmodiaba: *Si no vino es porque no vino*. Pregunto. ¿A quién? Dice que pregunta, quiere saber a quién pregunta. Tú ya no hablas con nadie. Extranjera a muerte está muriéndose. Otro es el lenguaje de los agonizantes.

He malgastado el don de transfigurar a los prohibidos (los siento respirar adentro de las paredes). Imposible narrar mi día, mi vía. Pero contempla absolutamente sola la desnudez de estos muros. Ninguna flor crece ni crecerá del milagro. A pan y agua toda la vida.

En la cima de la alegría he declarado acerca de una música jamás oída. ¿Y qué? Ojalá pudiera vivir solamente en éxtasis, haciendo el cuerpo del poema con mi cuerpo, rescatando cada frase con mis días y con mis semanas, infundiéndole al poema mi soplo a medida que cada letra de cada palabra haya sido sacrificada en las ceremonias del vivir.

Night, the night again, the magisterial wisdom of the dark. The warm brush of death — a moment of ecstasy for me, heir to every forbidden garden.

Footsteps and voices from the shadowy corners of the garden. Laughter inside the walls. Don't believe they're alive. Don't believe they're not alive. At any moment, the crack in the wall, the abrupt disbanding from the little girls I used to be.

Little paper girls of various colors are falling from the sky. Can colors speak? Can paper images speak? Only the gold ones speak, but there are no more of those around here.

I walk through sloping walls, walls that conjoin. From dusk till daybreak, chanting, *If someone didn't show up, it's because they didn't.* I ask. Whom? She claims to ask, she wants to know whom she is asking. You don't speak with anyone anymore. A stranger to death, she is dying. Those who are dying have a language of their own.

I have wasted my gift for transfiguring exiles. (I can feel their breathing inside the walls.) Impossible to describe my days or my ways. But in her absolute solitude, she considers the nakedness of these high walls. There are no flowers there, and not even a miracle could make them grow. On a diet of bread and water for life.

At the height of happiness, I have spoken of a music never heard before. So what? If only I could live in a continual state of ecstasy, shaping the body of the poem with my own, rescuing every phrase with my days and weeks, imbuing the poem with my breath while feeding the letters of its every word into the offering in this ceremony of living.

Esta espectral textura de la oscuridad, esta melodía en los huesos, este soplo de silencios diversos, este ir abajo por abajo, esta galería oscura, oscura, este hundirse sin hundirse.

¿Qué estoy diciendo? Está oscuro y quiero entrar. No sé qué más decir. (Yo no quiero decir, yo quiero entrar.) El dolor en los huesos, el lenguaje roto a paladas, poco a poco reconstituir el diagrama de la irrealidad.

Posesiones no tengo (esto es seguro: al fin algo seguro). Luego una melodía. Es una melodía plañidera, una luz lila, una inminencia sin destinatario. Veo la melodía. Presencia de una luz anaranjada. Sin tu mirada no voy a saber vivir, también esto es seguro. Te suscito, te resucito. Y me dijo que saliera al viento y fuera de casa en casa preguntando si estaba.

Paso desnuda con un cirio en la mano, castillo frío, jardín de las delicias. La soledad no es estar parada en el muelle, a la madrugada, mirando el agua con avidez. La soledad es no poder decirla por no poder circundarla por no poder darle un rostro por no poder hacerla sinónima de un paisaje. La soledad sería esta melodía rota de mis frases.

This spectral texture of darkness, this melody in my bones, this breath from various silences, this going deeper and deeper, this dark, dark gallery, this sinking without sinking.

What am I saying? It's dark now and I want to go inside. I don't know what else to say. (And I don't want to say anything, I just want to go inside.) The ache in my bones. The language broken by spades — now reconstructing, bit by bit, a diagram of the unreal.

I have no possessions. (This is certain; at last, something certain.) Then a melody. It's a plaintive melody, a lilac light — imminence without a recipient. I see the melody. The presence of an orange light. Without your eyes, I won't know how to live — this is also certain. I give you life, I revive you. And I was told to step out into the wind and knock on doors in search of them.

I walk past, naked, holding a taper. A cold castle, the garden of earthly delights. Solitude doesn't mean standing on a pier early in the morning, eagerly looking out over the water. Solitude is not being able to articulate the solitude, being unable to circumvent it, unable to give it a face, unable to make it a synonym for any landscape. Solitude would be this torn melody of my phrases.

La hermosura de la infancia sombría, la tristeza imperdonable entre muñecas, estatuas, cosas mudas, favorables al doble monólogo entre yo y mi antro lujurioso, el tesoro de los piratas enterrado en mi primera persona del singular.

No se espera otra cosa que música y deja, deja que el sufrimiento que vibra en formas traidoras y demasiado bellas llegue al fondo de los fondos.

Hemos intentado hacernos perdonar lo que no hicimos, las ofensas fantásticas, las culpas fantasmas. Por bruma, por nadie, por sombras, hemos expiado.

Lo que quiero es honrar a la poseedora de mi sombra: la que sustrae de la nada nombres y figuras.

NAMES AND SHAPES

The beauty of my bleak childhood, the unforgivable sadness among the dolls and statues — voiceless objects suitable for the double monologue between myself and the luxurious lair I live in, the pirate treasure buried in my first-person singular.

Waiting for nothing but music and allowing the pain — the pain that vibrates in forms too beautiful and treacherous — to reach down into the depths.

We've attempted to forgive ourselves for what we didn't do — the fantastic offenses, the phantom blame. For the sea mist, for no one, for the shadows — for this we made amends.

What I want is to honor the keeper of my shadow, the one who draws names and shapes out of nothing.

II.

LAS UNIONES POSIBLES

EN UN EJEMPLAR DE *LES CHANTS DE MALDOROR*

Debajo de mi vestido ardía un campo con flores alegres como los niños de la medianoche.

El soplo de la luz en mis huesos cuando escribo la palabra tierra. Palabra o presencia seguida por animales perfumados; triste como sí misma, hermosa como el suicidio; y que me sobrevuela como una dinastía de soles.

SIGNOS

Todo hace el amor con el silencio.

Me habían prometido un silencio como un fuego, una casa de silencio.

De pronto el templo es un circo y la luz un tambor.

FUGA EN LILA

Había que escribir sin para qué, sin para quién.

El cuerpo se acuerda de un amor como encender la lámpara.

Si silencio es tentación y promesa.

II.

POSSIBLE UNIONS

IN A COPY OF *LES CHANTS DE MALDOROR*

A field of flowers stung beneath my dress, giddy as children at midnight.

A gust of light in my bones when I write the word *earth*. A word or presence, followed by perfumed animals — as sad as itself, as beautiful as suicide — and it soars over me like a dynasty of suns.

SIGNS

Everything is making love to the silence.

They had promised me a silence like fire — a house of silence.

Suddenly, the temple is a circus and the light is a drum.

FUGUE IN LILAC

You had to write without a for what, without a for whom.

The body remembers love like the lighting of a lamp.

If silence is temptation and promise.

DEL OTRO LADO

Como reloj de arena cae la música en la música.

Estoy triste en la noche de colmillos de lobo.

Cae la música en la música como mi voz en mis voces.

LAZO MORTAL

Palabras emitidas por un pensamiento a modo de tabla del náufrago. Hacer el amor adentro de nuestro abrazo significó una luz negra: la oscuridad se puso a brillar. Era la luz reencontrada, doblemente apagada pero de algún modo más viva que mil soles. El color del mausoleo infantil, el mortuario color de los detenidos deseos se abrió en la salvaje habitación. El ritmo de los cuerpos ocultaba el vuelo de los cuervos. El ritmo de los cuerpos cavaba un espacio de luz adentro de la luz.

FROM THE OTHER SIDE

Like sand sifting through an hourglass, so music falls into music.

I am sad on this night made of wolf fangs.

Music falls into music the way my voice falls into my voices.

MORTAL TIES

A single thought cast out words like lifelines at sea. Making love inside our embrace implied a black light: a darkness that started gleaming. A rediscovered light, twice extinguished already, yet more vibrant than a thousand suns. The color of a mausoleum for infants, the deadened hues of repressed desire, opened up in the savage room. The rhythm of our bodies disguised the flight of the ravens. The rhythm of our bodies carved out a space of light inside that light.

III.

FIGURAS DE LA AUSENCIA

LA PALABRA QUE SANA

Esperando que un mundo sea desenterrado por el lenguaje, alguien canta el lugar en que se forma el silencio. Luego comprobará que no porque se muestre furioso existe el mar, ni tampoco el mundo. Por eso cada palabra dice lo que dice y además más y otra cosa.

LOS DE LO OCULTO

Para que las palabras no basten es preciso alguna muerte en el corazón.

La luz del lenguaje me cubre como una música, imagen mordida por los perros del desconsuelo, y el invierno sube por mí como la enamorada del muro.

Cuando espero dejar de esperar, sucede tu caída dentro de mí. Ya no soy más que un adentro.

III.

THE SHAPES OF ABSENCE

THE WORD THAT HEALS

While waiting for a world to be unearthed by language, someone is singing about the place where silence is formed. Later it'll be shown that just because it displays its fury doesn't mean the sea — or the world — exists. In the same way, each word says what it says — and beyond that, something more and something else.

OF THINGS UNSEEN

Before words can run out, something in the heart must die.

The light of language covers me like music, like a picture ripped to shreds by the dogs of grief. And winter reaches for me like a woman who has fallen in love with a wall.

Just when I'd hoped to give up hoping, your fall takes place within me. Now I am only but this within.

Escucho resonar el agua que cae en mi sueño. Las palabras caen como el agua yo caigo. Dibujo en mis ojos la forma de mis ojos, nado en mis aguas, me digo mis silencios. Toda la noche espero que mi lenguaje logre configurarme. Y pienso en el viento que viene a mí, permanece en mí. Toda la noche he caminado bajo la lluvia desconocida. A mí me han dado un silencio pleno de formas y visiones (dices). Y corres desolada como el único pájaro en el viento.

L'OBSCURITÉ DES EAUX

Listening to the sounds of falling water in my dream. The words fall like the water — I fall. Drawing the shape of my eyes in my eyes; swimming in my waters and telling myself of my silences. All night long, waiting for language to configure me, I am thinking of the wind that whirls toward me and stays in me. All night long, I have been walking in an anonymous rain. I was given a silence filled with shapes and apparitions (you say). And you keep running, as unconsoled as a bird alone in the wind.

GESTO PARA UN OBJETO

En tiempo dormido, un tiempo como un guante sobre un tambor.

Los tres que en mí contienden nos hemos quedado en el móvil punto fijo y no somos un es ni un estoy.

Antiguamente mis ojos buscaron refugio en las cosas humilladas, desamparadas, pero en amistad con mis ojos he visto, he visto y no aprobé.

LA MÁSCARA Y EL POEMA

El espléndido palacio de papel de los peregrinajes infantiles.

A la puesta del sol pondrán a la volatinera en una jaula, la llevarán a un templo ruinoso y la dejarán allí sola.

GESTURE FOR AN OBJECT

Numb time, time like a glove upon a drum.

The three who compete in me remain on a shifting point and we neither are nor is.

My eyes used to find rest in humiliated, forsaken things. Nowadays I see with them; I've seen and approved of nothing.

THE MASK AND THE POEM

The splendid paper palace of the wanderings of childhood.

When the sun sets, they will lock up the tightrope-walker in a cage and take her to the temple ruins and leave her there.

ENDECHAS

I.

El lenguaje silencioso engendra fuego. El silencio se propaga, el silencio es fuego.

Era preciso decir acerca del agua o simplemente apenas nombrarla, de modo de atraerse la palabra agua para que apague las llamas de silencio.

Porque no cantó, su sombra canta. Donde una vez sus ojos hechizaron mi infancia, el silencio al rojo rueda como un sol.

En el corazón de la palabra lo alcanzaron; y yo no puedo narrar el espacio ausente y azul creado por sus ojos.

II.

Con una esponja húmeda de lluvia gris borraron el ramo de lilas dibujado en su cerebro.

El signo de su estar es la enlutada escritura de los mensajes que se envía. Ella se prueba en su nuevo lenguaje e indaga el peso del muerto en la balanza de su corazón.

III.

Y el signo de su estar crea el corazón de la noche.

Aprisionada: alguna vez se olvidarán las culpas, se emparentarán los vivos y los muertos.

Aprisionada: no has sabido prever que su final iría a ser la gruta a donde iban los malos en los cuentos para niños.

Aprisionada: deja que se cante como se pueda y se quiera. Hasta que en la merecida noche si cierna la brusca desocultada. A exceso de sufrimiento exceso de noche y de silencio.

DIRGES

I.

Silent language breeds fire. Silence multiplies, silence is fire.

You had to speak of water — or simply name it — to coax the word *water* into extinguishing the blaze of silence.

Since it would not sing, its shadow sings. Once its eyes bewitched my childhood; now the red silence rolls away like a sun.

They caught up with it in the heart of the word, and it's impossible to describe the space — absent, blue — left by its eyes.

II.

With a rain-grey sponge, they erased the sprig of lilac etched onto her brain.

The sign of her existence is the mournful writing in the messages she sends to herself. She tests herself in her new language and weighs the man's corpse on the scale of her heart.

III.

And the sign of her existence shapes the heart of the night.

Prisoner, someday all faults will be forgotten. The living will form kinships with the dead.

Prisoner, there was no way to foresee that she would end up in the lair where all the villains go in fairy tales.

Prisoner, sing this any way you can, any way you want. Until the appointed night when the woman will loom up abruptly, unveiled. For an excess of suffering, an excess of night, of silence.

IV.

Las metáforas de asfixia se despojan del sudario, el poema. El terror es nombrado con el modelo delante, a fin de no equivocarse.

V.

Y yo sola con mis voces, y tú, tanto estás del otro lado que te confundo conmigo.

A PLENA PÉRDIDA

Los sortilegios emanan del nuevo centro de un poema a nadie dirigido. Hablo con la voz que está detrás de la voz y emito los mágicos sonidos de la endechadora. Una mirada azul aureolaba mi poema. Vida, mi vida, ¿qué has hecho de mi vida?

IV.

Metaphors of suffocation unbind from their shroud — the poem. Terror is identified with its model before it as a way of preventing error.

V.

And I, alone with my voices — and you, so far on the other side that I confuse you with myself.

TOTAL LOSS

Bits of sorcery emanate from the new core of a poem that isn't meant for anyone. I speak with a voice that lies beyond the voice and let out the potent cries of a mourner for hire. A blue glance has cast a halo around my poem. O life, what have you done to this life of mine?

IV.

LOS POSEÍDOS ENTRE LILAS

I.

— Se abrió la flor de la distancia. Quiero que mires por la ventana y me digas lo que veas, gestos inconclusos, objetos ilusorios, formas fracasadas ... Como si te hubieses preparado desde la infancia, acércate a la ventana.

— Un café lleno de sillas vacías, iluminado hasta la exasperación, la noche en forma de ausencia, el cielo como de una materia deteriorada, gotas de agua en una ventana, pasa alguien que no vi nunca, que no veré jamás ...

— ¿Qué hice del don de la mirada?

— Una lámpara demasiado intensa, una puerta abierta, alguien fuma en la sombra, el tronco y el follaje de un árbol, un perro se arrastra, una pareja de enamorados se pasea despacio bajo la lluvia, un diario en una zanja, un niño silbando ...

— Proseguí.

— (*En tono vengativo*). Una equilibrista enana se echa al hombro una bolsa de huesos y avanza por el alambre con los ojos cerrados.

— ¡No!

— Está desnuda pero lleva sombrero, tiene pelos por todas partes y es de color gris de modo que con sus cabellos rojos parece la chimenea de la escenografía teatral de un teatro para locos. Un gnomo desdentado la persigue mascando las lentejuelas ...

— Basta, por favor.

IV.

THE POSSESSED AMONG THE LILACS

I.

— The flower of distance is blooming. I want you to look through the window and tell me what you see: inconclusive gestures, illusory objects, failed shapes ... Go to the window as if you'd been preparing for this your entire life.

— A café filled with empty chairs — garishly lit ... The night takes on the shape of absence, and the sky of decay ... Drops of water on a windowpane — there goes someone I've never seen before and whom I'll never see again ...

— What did I ever do with the gift of sight?

— A lamp that's far too bright, an open door, someone smoking in the shadows, the trunk and leaves of a tree, a dog dragging its hind legs, lovers lingering in the rain, a newspaper in a gully, a boy whistling ...

— Go on.

— (*Vengefully.*) A dwarf tightrope-walker heaves a sack of bones onto her shoulder and proceeds along the wire with her eyes shut.

— Oh, stop!

— She's naked but for her hat. She's hairy everywhere — and she's all grey, with a shock of red hair, so that the total effect makes her look like a fake chimney, like a stage prop in some play for the insane. A tooth-less gnome is chasing after her, munching on costume sequins ...

— Please, that's enough.

— (*En tono fatigado*). Una mujer grita, un niño llora. Siluetas espían desde sus madrigueras. Ha pasado un transeúnte. Se ha cerrado una puerta.

II.

Si viera un perro muerto me moriría de orfandad pensando en las caricias que recibió. Los perros son como la muerte: quieren huesos. Los perros comen huesos. En cuanto a la muerte, sin duda se entretiene tallándolos en forma de lapiceras, de cucharitas, de cortapapeles, de tenedores, de ceniceros. Sí, la muerte talla huesos en tanto el silencio es de oro y la palabra de plata. Sí, lo malo de la vida es que no es lo que creemos pero tampoco lo contrario.

Restos. Para nosotros quedan los huesos de los animales y de los hombres. Donde una vez un muchacho y una chica hacían el amor, hay cenizas y manchas de sangre y pedacitos de uñas y rizos púbicos y una vela doblegada que usaron con fines oscuros y manchas de esperma sobre el lodo y cabezas de gallos y una casa derruida dibujada en la arena y trozos de papeles perfumados que fueron cartas de amor y la rota bola de vidrio de una vidente y lilas marchitas y cabezas cortadas sobre almohadas como almas impotentes entre los asfódelos y tablas resquebrajadas y zapatos viejos y vestidos en el fango y gatos enfermos y ojos incrustados en una mano que se desliza hacia el silencio y manos con sortijas y espuma negra que salpica a un espejo que nada refleja y una niña que durmiendo asfixia a su paloma preferida y pepitas de oro negro resonantes como gitanos de duelo tocando sus violines a orillas del mar Muerto y un corazón que late para engañar y una rosa que se abre para traicionar y un niño llorando frente a un cuervo que grazna, y la inspiradora se enmascara para ejecutar una melodía que nadie entiende bajo una lluvia que calma mi mal. Nadie nos oye, por eso emitimos ruegos, pero ¡mira! el gitano más jóven está decapitando con sus ojos de serrucho a la niña de la paloma.

— (*Wearily.*) A woman is screaming. There's a boy crying. Silhouettes are spying from their lairs. Someone walked by just now. A door shuts.

II.

If I saw a dead dog, I would die like an orphan, thinking about all the caresses it had received. Dogs are like death: they want bones. Dogs eat bones. As for death, no doubt it amuses itself by whittling them into various shapes, like pens, little spoons, letter openers, forks, ashtrays. Yes, death carves bones as long as silence is golden and words are made of silver. Yes, the bitch about life is that it's not what we think it is, but it's also not the opposite of that.

Mortal remains. Animal and human bones are left behind for us. Where a young couple used to make love, there are ashes and bloodstains and chipped nails and pubic hair and a bent candle once used for dark purposes and sperm stains in the caked mud and condoms and a shambled house drawn in the sand and scraps of scented paper that were once love letters and the shattered glass ball of a fortune teller and wilted lilacs and severed heads lying on a pillow like impotent souls among the asphodels and cracked tables and old shoes and dresses in the mire and sick cats and eyes encrusted in a hand that slips away toward silence and other hands weighed down with signet rings and black foam spraying a mirror that gives no reflection and a young girl who suffocates her favorite dove in her sleep and black gold nuggets as resonant as gypsies in mourning who play their fiddles by the Dead Sea and a heart that lives for deception and a rose that blooms for betrayal and a boy crying in front of a cawing raven, and the muse puts on her mask to execute an inscrutable melody under a rain and it soothes my suffering. No one can hear us, so we keep pleading, but — look there: with his handsaw eyes, the youngest gypsy is decapitating that young girl with the dove.

III.

Voces, rumores, sombras, cantos de ahogados: no sé si son signos
o una tortura. Alguien demora en el jardín el paso del tiempo. Y las
criaturas del otoño abandonadas al silencio.

Yo estaba predestinada a nombrar las cosas con nombres esencia-
les. Yo ya no existo y lo sé; lo que no sé es qué vive en lugar mío. Pierdo
la razón si hablo, pierdo los años si callo. Un viento arrasó con todo.
Y no haber podido hablar por todos aquellos que olvidaron el canto.

IV.

Alguna vez, tal vez, encontraremos refugio en la realidad verda-
dera. Entretanto ¿puedo decir hasta qué punto estoy en contra?

Te hablo de la soledad mortal. Hay cólera en el destino porque
se acerca, entre las arenas y las piedras, el lobo gris. ¿Y entonces?
Porque romperá todas las puertas, porque sacará afuera a los muer-
tos para que devoren a los vivos, para que sólo haya muertos y los
vivos desaparezcan. No tengas miedo del lobo gris. Yo lo nombré para
comprobar que existe y porque hay una voluptuosidad en el hecho de
comprobar.

Las palabras hubieran podido salvarme, pero estoy demasiado vi-
viente. No, no quiero cantar muerte. Mi muerte ... el lobo gris ...
la matadora que viene de la lejanía ... ¿No hay un alma viva en esta
ciudad? Porque ustedes están muertos. ¿Y qué espera puede con-
vertirse en esperanza si están todos muertos? ¿Y cuándo vendrá lo
que esperamos? ¿Cuándo dejaremos de huir? ¿Cuándo ocurrirá todo
esto? ¿Cuándo? ¿Dónde? ¿Cómo? ¿Cuánto? ¿Por qué? ¿Para quién?

III.

Voices, rumors, shadows, the songs of the drowned: I don't know if they're signs or a kind of torture. Someone in the garden is delaying the passing of time. Autumn creatures abandoned to silence.

I was predestined to give things their essential names. I know that I no longer exist, but what I don't know is the thing that lives on in my place. I lose my senses if I speak — I lose all wisdom if I keep quiet. A violent wind has wiped out everything. And not being able to speak for those who forgot how to sing.

IV.

Maybe someday we will find refuge in true reality. In the meantime, can I just say how opposed I am to all of this?

I'm speaking to you of a mortal solitude. Destiny is red with rage because the grey wolf who lurks between the sand and the rocks is drawing nearer. Then what? Because it will knock down every door, and unearth the dead and have them devour the living, so that only the dead remain and all the living disappear. But don't be afraid of the grey wolf. I named it in order to confirm that it exists, and because the very act of confirming has a certain unadjectivable voluptuousness.

Words would've been able to save me, only I am much too alive. No, I do not want to sing of death. My death ... the grey wolf ... the huntress who closes in from a distance ... Is there no living soul left in this city? Because all of you are dead. And how will expecting ever turn into expectation if everyone is dead? And this thing we're waiting for, when will it arrive? When will we stop running away? When will all of this happen? When? Where? How? How much? Why? For whom?

POEMAS NO RECOGIDOS EN LIBROS

(1962–1972)

UNCOLLECTED POEMS

(1962–1972)

SE PROHÍBE MIRAR EL CÉSPED

Maniquí desnudo entre escombros. Incendiaron la vidriera, te abandonaron en posición de ángel petrificado. No invento: esto que digo es una imitación de la naturaleza, una naturaleza muerta. Hablo de mí, naturalmente.

BUSCAR

No es un verbo sino un vértigo. No indica acción. No quiere decir *ir al encuentro de alguien sino yacer porque alguien no viene.*

IT IS FORBIDDEN TO LOOK AT THE GRASS

A naked mannequin in the wreckage. They set fire to the store window and left you posing like a frozen angel. I'm not making this up: what I'm saying is an imitation of nature, a still life. I am speaking of myself, naturally.

TO SEARCH

Not verb, but vertigo. Does not indicate action. Does not mean *to go meet someone* but rather *to lie there because someone doesn't arrive.*

La para siempre seguridad de estar de más en el lugar en donde los otros respiran. De mí debo decir que estoy impaciente porque se me dé un desenlace menos trágico que el silencio. Feroz alegría cuando encuentro una imagen que me alude. Desde mi respiración desoladora yo digo: que haya lenguaje en donde tiene que haber silencio.

Alguien no se enuncia. Alguien no puede asistirse. Y tú no quisiste reconocerme cuando te dije lo que había en mí que eras tú. Ha tornado el viejo terror: haber hablado nada con nadie.

El dorado día no es para mí. Penumbra del cuerpo fascinado por su deseo de morir. Si me amas lo sabré aunque no viva. Y yo me digo: Vende tu luz extraña, tu cerco inverosímil.

Un fuego en el país no visto. Imágenes de candor cercano. Vende tu luz, el heroísmo de tus días futuros. La luz es un excedente de demasiadas cosas demasiado lejanas.

En extrañas cosas moro.

IN HONOR OF A LOSS

The forever security of being redundant in the place where others breathe. Of myself I should say that I am impatient to be given an end less tragic than the silence. Fierce happiness when I find an image that alludes to me. From my devastated breathing I say: let there be language where there ought to be silence.

Some don't enunciate themselves. Some can't attend to themselves. And you didn't want to recognize me when I told you of the thing in me that was you. The old terror has returned: of speaking nothing with no one.

The golden day is not for me. The penumbra of a body fascinated by its own desire to die. If you love me, I will know it even if I don't live. And I tell myself: Sell off your strange light, your improbable siege.

A fire in the unseen country. Images of close candor. Sell off your light, the heroism of your future days. The light is an excess of too many things that are too far away.

In strange things do I reside.

Se cerró el sol, se cerró el sentido del sol, se iluminó el sentido de cerrarse.

*

Llega un día en que la poesía se hace sin lenguaje, día en que se convocan los grandes y pequeños deseos diseminados en los versos, reunidos de súbito en dos ojos, los mismos que tanto alababa en la frenética ausencia de la página en blanco.

*

Enamorada de las palabras que crean noches pequeñas en lo increado del día y su vacío feroz.

The sun closed, the sense of the sun closed, and the sense of closing lit up.

*

There comes a day when poetry is made without language, a day when the great and small desires that were scattered in verses are called together, are gathered up suddenly by two eyes, the same ones that I so worshipped in the frenzied absence of the blank page.

*

In love with the words that create small nights in the uncreatedness of the day and its ferocious void.

LA CELESTE SILENCIOSA AL BORDE DEL PANTANO
A Enrique Pichon Rivière

Cerraron el rostro que fue idéntico al más alto sueño de la augusta infancia y pájaros temerosos en despliegue rapidísimo de plumas negras hicieron el paisaje del perfecto terror. Soy tu silencio, tu tragedia, tu veladora. Puesto que sólo soy noche, puesto que toda noche de mi vida es tuya.

NAUFRAGIO INCONCLUSO

Este temporal a destiempo, estas rejas en las niñas de mis ojos, esta pequeña historia de amor que se cierra como un abanico que abierto mostraba a la bella alucinada: la más desnuda del bosque en el silencio musical de los abrazos.

DENSIDAD

Yo era la fuente de la discordancia, la dueña de la disonancia, la niña del áspero contrapunto. Yo me abría y me cerraba en un ritmo animal muy puro.

THE SILENT SKY-BLUE WOMAN
AT THE EDGE OF THE SWAMP
For Enrique Pichón Rivière

They closed the face that was identical to the highest dream of an imperial childhood, and spooked birds in a frantic rush of black feathers made a perfect terror of the landscape. I am your silence, your tragedy, your watcher. Though I'm only night, though every night of my life is yours.

UNFINISHED WRECKAGE

This untimely tempest, these rails on the girls of my eyes, this little love story closing like a fan that would open to reveal a hallucinated beauty: the most naked woman of the forest in the musical silence of an embrace.

DENSITY

I was the source of discord, the owner of dissonance, the girl of the harsh counterpoint. I would open and close with such pure animal rhythm. '

EN LA OSCURIDAD ABIERTA

Si la más pequeña muerte exige una canción debo cantar a las que fueron lilas que por acompañarme en mi luz negra silenciaron sus fuegos cuando una sombra configurada por mi lamento se refugió entre sus sombras.

LA OSCURA

¿Y por qué hablaba como si el silencio fuera un muro y las palabras colores destinados a cubrirlo? ¿Y quién dijo que se alimenta de música y no puede llorar?

MEMORIAL FANTASMA

Noche ciegamente mía. Sueño del cuerpo transparente como un árbol de vidrio.

Horror de buscar tus ojos en el espacio lleno de gritos del poema.

IN THE OPEN DARKNESS

If the smallest death demands a song, then I should sing to those who used to be lilacs, who, for the sake of accompanying me in my black light, silenced their fires when a shadow shaped by my cries took refuge among their shadows.

THE DARK ONE

And why did she speak as if silence were a great wall and words were the colors destined to cover it? And who was it who claimed to feed on music and wasn't able to cry?

GHOSTLY MEMORIAL

Night blindly mine. I dream of a body as transparent as a tree made of glass.

Horror of searching for your eyes in the space that is full of the screams of this poem.

CUADRO

Ruidos de alguien subiendo una escalera. La de los tormentos, la que regresa de la naturaleza, sube una escalera de la que baja un reguero de sangre. Negros pájaros quema la flor de la distancia en los cabellos de la solitaria. Hay que salvar, no a la flor, sino a las palabras.

EN LA NOCHE

Cae la noche, y las muñecas proyectan maravillosas imágenes en colores. Cada imagen está unida a otra imagen por una pequeña cuerda. Escucho, uno a uno, y muy distintamente, ruidos y sonidos.

SCENE

Noise of someone going up the stairs. The woman of torments, the one who returns from nature, goes up the stairs, from which a trail of blood is flowing. The flower of distance is burning black birds in the hair of the solitary woman. We have to rescue not the flower, but the words.

AT NIGHT

Night falls, and the dolls project marvellous images in color. Each image is linked to another by a small cord. I listen, one by one, and very distinctly, to noises and sounds.

"CASA DE LA MENTE"

la casa mental
reconstruida letra por letra
palabra por palabra
en mi doble figura de papel

atraviesa el mar de tinta
para dar una nueva forma
    a un nuevo sentimiento

abre la boca
verde de sin raíces
la palabra sin su cuerpo

un nuevo orden musical
de colores de cuerpos de excedentes
de formas pequeñas
que se mueven gritan dicen nunca
la noche dice nunca
la noche me pronuncia
en un poema

"HOUSE OF THE MIND"

the mind's house
rebuilt letter by letter
word by word
in my double paper figure

crosses the sea of ink
to give new form
   to a new feeling

it opens its mouth
green and rootless,
the word without its body

a new musical order
of colors of bodies of excess
of small forms
that move scream say never
the night says never
the night utters me
in a poem

A UN POEMA ACERCA DEL AGUA, DE SILVINA OCAMPO

A Silvina y a la condesa de Trípoli

que emana toda la noche profecías
— O. PAZ

Tu modo de silenciarte en el poema.
Me abris como a una flor
(sin duda una flor pobre, lamentable)
que ya no esperaba la terrible delicadeza
de la primavera. Me abrís, me abro,
me vuelvo de agua en tu poema de agua
que *emana toda la noche profecías.*

TO A POEM ABOUT WATER, BY SILVINA OCAMPO

For Silvina and the countess of Tripoli

who emanate prophecies all night long
— O. PAZ

Your way of silencing yourself in the poem.
You open me like a flower
(a poor flower, of course, unfortunately)
who had given up waiting for the terrible
delicacy of spring. You open me, I open,
I turn into water in your poem about water
who *emanate prophecies all night long.*

[. . .] DEL SILENCIO

I.

Esta muñeca vestida de azul es mi emisaria en el mundo.
Sus ojos son de huérfana cuando llueve en un jardín donde un pájaro lila devora lilas y un pájaro rosa devora rosas.

Tengo miedo del lobo gris que se disimula en la lluvia.

Lo que se ve, lo que se va, es indecible.
Las palabras cierran todas las puertas.

Recuerdo el tiempo sobre los álamos queridos.
El arcaísmo de mi drama determinó, en mi criatura compartida, una cámara letal.
Yo era lo imposible y también el desgarramiento por lo imposible.

Oh el color infernal de mis pasiones.
Sin embargo, quedé cautiva de la antigua ternura.

[. . .] OF THE SILENCE

> *... for it's all in some language I don't know.*
> Lewis Carroll, *Through the Looking-Glass*

> *I hear the world sobbing like a foreign language.*
> Cecilia Meireles

> *They went abroad to play this part.*
> Henri Michaux

> Somebody *killed* something ...
> Lewis Carroll, *Through the Looking-Glass*[1]

I.

This doll dressed in blue is my emissary to the world.
She has the eyes of an orphan when it rains in the garden where a lilac bird devours the lilacs and a rosy bird devours the roses.

I am afraid of the grey wolf that disguises itself in the rain.

All you see, all that flees, all is unsayable.
Words close all doors.

I remember time leaning over the beloved poplars.
The archaic tone of my play required of my other self a lethal chamber.
I was the impossible and also a rupture for the impossible.

Oh the infernal color of my passions.
But I remained captive to the ancient tenderness.

---

[1] The epigraphs by Lewis Carroll come from the "Jabberwocky" scene in *Alice's Adventures Through the Looking-Glass*. Unlike the Meireles and Michaux epigraphs, which appear in the original Portuguese and French, respectively, in Pizarnik's poem, Carroll's quotes appear in Spanish. Here I restore the original language passages as per *The Annotated Alice*, pp. 148 and 150. The Meireles and Michaux passages are in my translation.

II.
No hay quien pinte con colores verdes.
Todo es anaranjado.
Si soy algo soy violencia.
Los colores rayan el silencio y crean animales deteriorados. Luego alguien intentará escribir un poema. Y será mediante las formas, los colores, el desamor, la lucidez (no continúo porque no quiero asustar a los niños).

III.
El poema es espacio y hiere.
No soy como mi muñeca, que sólo se nutre de leche de pájaro.

II.

There is no one to paint the greens.
Everything is orange.
If I am anything, it is violence.
The colors scratch against the silence and make decaying animals.
Then someone will try to write a   poem. And it'll be with the shapes
and colors and indifference and clarity (here I'll stop because I don't
want to scare the children).

III.

The poem is a space and it hurts.
I am not like my doll, who only feeds on bird's milk.

Memoria de su voz en la funesta mañana velada por un sol que reverbera en los ojos de las tortugas.

El de su voz es un recuerdo que me hace perder el conocimiento frente a esta conjunción celeste y verde de mar y cielo.

Yo preparo mi muerte.

Memories of that voice in a somber morning watched over by a sun that gleams in the eyes of the turtles.

The one of that voice is a memory that makes me lose consciousness before the conjunction of sky-blue and green that is the sea and the sky.

I am preparing my death.

Quiere decir, pero siento lo que ella es. Encuentra que es muerte amor si bien todo, sin amor, le es ofensa. No sabe por qué no calla puesto que su amor la vuelve inocente. Dueña del crepúsculo, tañe los espejos de los pronombres.

Cada palabra que escribo me restituye a la ausencia por la que escribo lo que no escribiría si te dejara venir aquí.

Me atengo al poema. El poema me lleva a los confines, lejos de las casas de los vivos. ¿Y por dónde andaré cuando me vaya y no vuelva?

Y nadie comprende. Toda mi vida te espera. Y sin embargo busco la noche del poema. Solamente pienso en tu cuerpo pero rehago el cuerpo de mi poema como quien trata de curarse una herida.

Y nadie me comprende. Yo sé que la vida, que el amor, deben cambiar. Esto que dice mi máscara sobre el animal que soy, alude penosamente a una alianza entre las palabras y las sombras. De donde se deriva un estado de terror que niega el orden de los humanos.

She means to say, but I feel what she is. She discovers that love is death even though everything, without love, is an offense. She doesn't know why she can't keep silent since her love makes her innocent. Owner of the twilight, she sounds the mirrors of the pronouns.

Each word that I write restores me to the absence for which I write what I would not write if I let you come here.

I hold onto the poem. The poem takes me to the limits, far from the houses of the living. And where will I wander when I leave and don't come back?

And no one understands. All my life waits for you. And nevertheless, I search for the night of the poem. I only think of your body but I redo the body of my poem like someone who tries to cure her own wound.

And no one understands me. I know that life, that love, should change. What my mask is saying about the animal I am alludes painfully to an alliance between words and shadows. From which results a state of terror that rejects the human order.

LA NOCHE, EL POEMA

Alguien ha encontrado su verdadera voz y la prueba en el mediodía de los muertos. Amigo del color de las cenizas. Nada más intenso que el terror de perder la identidad. Este recinto lleno de mis poemas atestigua que la niña abandonada en una casa en ruinas soy yo.

Escribo con la ceguera desalmada con que los ninos arrojan piedras a una loca como si fuese un mirlo. En realidad no escribo: abro brecha para que hasta mí llegue, al crepúsculo, el mensaje de un muerto.

Y este oficio de escribir. Veo por espejo, en oscuridad. Presiento un lugar que nadie más que yo conoce. Canto de las distancias, escucho voces de pájaros pintados sobre árboles adornados como iglesias.

Mi desnudez te daba luz como una lámpara. Pulsabas mi cuerpo para que no hiciera el gran frío de la noche, lo negro.

Mis palabras exigen silencio y espacios abandonados.

Hay palabras con manos; apenas escritas, me buscan el corazón. Hay palabras condenadas como lilas en la tormenta. Hay palabras parecidas a ciertos muertos, si bien prefiero, entre todas, aquellas que evocan la muñeca de una niña desdichada.

Someone has found their true voice and test it in the noon of the dead. Friend the color of ashes. Nothing more intense than the terror of losing your identity. This enclosure filled with my poems bears witness that the abandoned girl in a house in ruins is me.

I wrote with the soulless blindness of children throwing stones at a madwoman as if she were blackbird. In fact, I do not write: I widen a breach so that the messages of the dead can reach me at twilight.

And this business of writing. I see through a mirror, in the dark. I predict a place that no one else has known. I sing of distances, I hear the voices of birds that were painted onto trees decked out like churches.

My nakedness gave you light like a lamp. You pressed my body to prevent the great cold of night, the blackness.

My words demand silence and abandoned spaces.

There are words with hands; barely written, they search my heart. There are words condemned like the lilac in a tempest. There are words resembling some among the dead, and from these I prefer the ones that evoke the doll of some unhappy girl.

Suponiendo que me viese llorar y me estrechara contra su pecho, mi persona quedaría extinguida. Es verdad que entonces podría verle los ojos así como Van Gogh miró el sol y luego lo separó en pequeños soles giratorios: ¿«Ser» se escribe con dos «ee»?

Las muñecas son terribles. ¿Y por qué no? Si lo es el animal, la piedra, el hombre. En el poema se desocultan las muñecas y otras cosas que son noche. El poema, la noche. ¿Conocés vos la noche?

Rosas son las rosas que están en manos de la insaciable, la del color infernal.

La noche, pienso el silencio. La noche emerge de la muerte. La noche emerge de la vida. En la noche viven los faltos de todo.

Entonces, de mañana, grité.

Noche mía, pequeña, poblada de vividores.
Oh mi amor, llamame con un nombre unido a una muy antigua y olvidada ternura. Voy a reconstituir la trama de una tragedia solamente interior. *Todo es un interior.*

Supposing that someone saw me crying and held me tightly to their chest, my self would be extinguished. Though it's true I'd then be able to see their eyes the way Van Gogh once looked at the sun and broke it up into little revolving suns. *Do you spell "to see" with an "r"?*

The dolls are terrible. And why not? If animals are terrible, and if rocks, if man. In the poem, the dolls reveal themselves and so do other things that are the night. The poem, the night. You know about the night?

Rose-colored are the roses in the hands of the one who is never satisfied, she whose color is infernal.

Night, I think the silence. Night emerges from death. Night emerges from life. At night, those lacking everything thrive.

And so, in the morning, I screamed.

Night of mine, little one, inhabited by parasites.
Oh my love, call to me with a name that is linked to an old, forgotten tenderness. I am going to reconstruct the plot of an entirely internal tragedy. *Everything is an interior.*

TABLA RASA

cisternas en la memoria
ríos en la memoria
charcas en la memoria
siempre agua en la memoria
viento en la memoria
soplan en la memoria

AFFICHE

me esforcé tanto
por aprender a leer
en mi llanto

SÓLO SEÑAL

Oh enciende
tus ojos
del color de nacer

TABULA RASA

cisterns in my memory
rivers in my memory
pools in my memory
always water in my memory
wind in my memory
blowing in my memory

AFFICHE

I pushed myself so much
to learn how to read
in my sobbing

ONLY A SIGNAL

Oh kindle
your eyes
with the color of birth

CONTEMPLACIÓN

Con miedo antiguo se lamentan o lloran las voces. Formas fugitivas venidas para la ceremonia en la que arrancarán de ti el corazón de tu lejana figura. La noche relampaguea dentro de tu máscara. Te agujerean con graznidos, te martillean con pájaros negros. Colores enemigos se unen en la tragedia.

Cuando llegamos al centro de la oscuridad el bosque se abrió. Murieron las formas despavoridas de la noche y no hubo más un afuera ni un adentro. Te precipitaron, desapareciste con la máscara en la mano. Y ya nada se pareció a un corazón.

UNA PALABRA
A Juan Batlle Planas

Originada por el hacedor de vértigos,
inscrita en los muros de la casa negra,
una palabra inmola
a la de ojos feroces.
En amoroso silencio ella entona
la canción para el yacente.

CONTEMPLATION

With their ancient fear, the voices sob or lament themselves. Fugitive shapes that have come for the ceremony in which they will rip out your heart from your distant figure. The night carries bolts of lightning behind your mask. They cackle through you, they pummel you with black birds. Enemy colors form an alliance in the tragedy.

When we reached the center of the darkness, the forest opened. The terrified shapes died and there was no longer an outside or an inside. They felled you, you disappeared with the mask in your hand. And then there was nothing to resemble a heart.

A WORD
For Juan Batlle Planas

Occasioned by the maker of vertigos,
inscribed on the walls of the black house,
a word is sacrificing
the one with ferocious eyes.
In loving silence she starts singing
the song for the reclining figure.

LA CANCIÓN PARA EL YACENTE

Todo el día llora por mí el invisible de siete rostros.
El inocente en su espacio de suplicios.
El nacido de su irse.
Toda la noche sueña en mí el yacente.
Violentamente inmóvil sonríe el bienamado.
Elegías a mi mal son sus fúnebres sueños.

Una textura de luz en la que la mano se hundiría
como en la blanda tierra que te cubre, padre mío
de ojos azules recién llegado a tu nuevo lugar callado.

POEMA PARA EL PADRE

Y fue entonces
que con la lengua muerta y fría en la boca
cantó la canción que no le dejaron cantar
en este mundo de jardines obscenos y de sombras
        que venían a deshora a recordarle
        cantos de su tiempo de muchacho
en el que no podía cantar la canción que quería cantar
la canción que no le dejaron cantar
sino a través de sus ojos azules ausentes
de su boca ausente
de su voz ausente.
Entonces, desde la torre más alta de la ausencia
su canto resonó en la opacidad de lo ocultado
en la extensión silenciosa
llena de oquedades movedizas como las palabras que escribo.

23 de noviembre de 1971

THE SONG FOR THE RECLINING FIGURE

All day long the invisible one with seven faces weeps for me.
The innocent one from the place of his torture.
The one who was born of his leaving.
All night long the reclining figure dreams of me.
Violently motionless, he smiles, the beloved.
Elegies to my misfortune are his funereal dreams.

A texture of light that a hand could sink into,
like the loose earth that is covering you, my father
with your blue eyes, just settled in your new hushed place.

POEM FOR A FATHER

And it was then
with a cold, dead tongue in his mouth
that he sang the song they wouldn't let him sing
in this world of obscene gardens and shadows
        that approached inopportunely to remind him
        of songs from his younger days
when he couldn't sing the song he wanted to sing
the song they wouldn't let him sing
except with his absent blue eyes
with his absent mouth
with his absent voice.
Then, from the highest tower of absence,
his song echoed in the opacity of hidden things
in a silent expanse
filled with shifting crevices, like the words I write.

EN ESTA NOCHE EN ESTE MUNDO

(posth.)

ON THIS NIGHT, IN THIS WORLD

(posth.)

SOBRE UN POEMA DE RUBÉN DARÍO

In memoriam L. C.

A Marguerite Duras y a Francesco Tentori Montalto

Sentada en el fondo de un lago.
Ha perdido la sombra,
no los deseos de ser, de perder.
Está sola con sus imágenes.
Vestida de rojo, no mira.

¿Quién ha llegado a este lugar
al que siempre nadie llega?
El señor de las muertes de rojo.
El enmascarado por su cara sin rostro.
El que llegó en su busca la lleva sin él.

Vestida de negro, ella mira.
La que no supo morirse de amor y por eso nada aprendió.
Ella está triste porque no está.

ON A POEM BY RUBÉN DARÍO

In memoriam. L. C.

For Marguerite Duras and Francesco Tentori Montalto

Seated at the bottom of a lake.
She has lost her shadow,
but not the desire to be, to lose.
She is alone with her images.
Dressed in red, and unseeing.

Who has reached this place
that no one ever reaches?
The lord of those dead who are dressed in red.
The man who is masked in a faceless face.
The one who came for her takes her without him.

Dressed in black, and seeing.
The one who didn't know how to die of love and so couldn't learn a
thing.
She is sad because she is not there.

EN OTRA NOCHE, EN OTRO MUNDO

oh por favor
    la medianoche es venida
y es el frío
la noche
    el que yo espero no viene

PRIMERA CAÍDA

A Ramón Xirau

Palabra por palabra
tuve que aprender
las imágeries
del último otro lado.

esta noche he visto
pero no.

nadie es del color
del deseo más profundo.

me he empavorecido, me he engrisado,
me he atardecido,
mi lengua no sabe.

ON ANOTHER NIGHT, IN ANOTHER WORLD

oh please
    midnight has come
and it is the cold
the night
    the one I wait for doesn't come

SOMEONE FALLS IN A FIRST FALL

For Ramón Xirau

Word by word
I had to learn
the images
of the final other side.

tonight I've seen
but not.

no one's the color
of the deepest desire

I've terrified myself, I've grown grey,
I've dusked myself,
my tongue doesn't know.

lloro, miro el mar y lloro.
canto algo, muy poco.

hay un mar. hay la luz.
hay sombras. hay un rostro.

un rostro con rastros de paraíso perdido.

he buscado.

sino que he buscado,
sino que agonizo.

I sob, I look at the sea and I sob.
I sing something, just a bit.

there is a sea. there is light.
there are shadows. there is a face.

a face with the features of a paradise lost.

I've been searching.

but that I've been searching,
but that I agonize.

LOS PEQUEÑOS CANTOS

(posth.)

A Pablo Azcona y Víctor Richini

THE SHORT CANTOS

(posth.)

For Pablo Azcona and Víctor Richini

I.

nadie me conoce yo hablo la noche
nadie me conoce yo hablo mi cuerpo
nadie me conoce yo hablo la lluvia
nadie me conoce yo hablo los muertos

II.

sólo palabras
las de la infancia
las de la muerte
las de la noche de los cuerpos

III.

el centro
de un poema
    es otro poema
el centro del centro
    es la ausencia

en el centro de la ausencia
mi sombra es el centro
del centro del poema

I.

no one knows me I speak the night
no one knows me I speak my body
no one knows me I speak the rain
no one knows me I speak the dead

II.

only words
of childhood
of death
of the night of the bodies

III.

the center
of a poem
     is another poem
the center of the center
     is absence

at the center of absence
my shadow is the center
of the center of the poem

IV.

una muñeca de huesos de pájaro
conduce los perros perfumados
de mis propias palabras que me vuelven

V.

A Jean

la agonía
de las visionarias
del otoño

VI.

grietas en los muros
negros sortilegios
frases desolladas
poemas aciagos

VII.

Cubres con un canto la hendidura.
Creces en la oscuridad como una ahogada.
Oh cubre con mas cantos la fisura, la
       hendidura, la desgarradura.

IV.

a doll made from bird bones
directs the perfumed dogs
to words of my own that come back to me

V.

For Jean

the agony
of the autumn
visionaries

VI.

cracks in the walls
black sorcery
flayed phrases
fateful poems

VII.

You fill the crevice with a song.
You grow in the dark like a woman drowned.
Oh, cover the fissure with more songs, the
        crevice, the rupture.

VIII.

en el mediodía de los muertos
princesa-paraje-sin-sol
come cardo
come abrojo

IX.

mi canto de dormida al alba
¿era esto, pues?

X.

el que me ama aleja a mis dobles,
abre
la noche, mi cuerpo,
ver tus sueños,
mi sol o amor

XI.

oh los ojos tuyos
fulgurantes ojos

VIII.

in the noontide of the dead
princess-site-without-sun
eats thistles
eats burrs

IX.

my song of dawn sleeper
was it this, then?

X.

he who loves me distances my doubles
opens
the night, my body,
to see your dreams,
my sun or love

XI.

your eyes oh
flashing eyes

XII.

A Alain de Vermont

cuervos en mi mente
sobre su querido cuerpo

es el gran frío de la noche
lo negro

pasión de nuestros señores
los deseos

XIII.

una ídea fija
una leyenda infantil
una desgarradura

el sol
como un gran animal oscuro

no hay más que yo
no hay qué decir

XII.

For Alain de Vermont

crows on my mind
over his beloved body

is the great cold of night,
the blackness

passion of our lord
desires

XIII.

a fixed idea
a children's story
a tearing

the sun
like a great dark animal

nothing beyond me
nothing to say

XIV.

qué es este espacio que somos
una idea fija
una leyenda infantil

hasta nueva orden
no cantaremos el amor
hasta nuevo orden

XV.

niña que en vientos grises
vientos verdes aguardó

XVI.

hablará por espejos
hablará por oscuridad
por sombras
por nadie

XIV.

what is this space we become
a fixed idea
a children's story

until a new order
we won't sing of love
until the new order

XV.

girl who in grey winds
grey winds awaited.

XVI.

will speak through mirrors
will speak through darkness
through shadows
through no one

XVII.

A Diana

instruidnos acerca de la vida
suavemente
imploraban los pequeños seres
y tendían sus brazos
por amor de la otra orilla

XVIII.

palabras reflejas que solas se dicen
en poemas que no fluyen yo naufrago
todo en mi se dice con su sombra
y cada sombra con su doble

XIX.

triste músico
entona un aire nuevo
para hacer algo nuevo
para ver algo nuevo

XVII.

For Diana

teach us about life
gently
implored the little beings
and stretched their arms
for love of the other shore

XVIII.

words you reflect that speak themselves
in poems that do not flow I drown
all that is in me is said with its shadow
and each shadow with its double in turn

XIX.

sad musician
plays a new melody
to make something new
to see something new

EN ESTA NOCHE, EN ESTE MUNDO

A Martha Isabel Moia

en esta noche en este mundo
las palabras del sueño de la infancia de la muerte
nunca es eso lo que uno quiere decir
la lengua natal castra
la lengua es un órgano de conocimiento
del fracaso de todo poema
castrado por su propia lengua
que es el órgano de la re-creación
del re-conocimiento
pero no el de la resurrección
de algo a modo de negación
de mi horizonte de maldoror con su perro
y nada es promesa
entre lo decible
que equivale a mentir
(todo lo que se puede decir es mentira)
el resto es silencio
sólo que el silencio no existe

no
las palabras
no hacen el amor
hacen la ausencia
si digo agua ¿beberé?
si digo pan ¿comeré?

en esta noche en este mundo
extraordinario silencio el de esta noche
lo que pasa con el alma es que no se ve
lo que pasa con la mente es que no se ve
lo que pasa con el espíritu es que no se ve
¿de dónde viene esta conspiración de invisibilidades?
ninguna palabra es visible

ON THIS NIGHT, IN THIS WORLD

For Martha Isabel Moia

on this night in this world
words of the dream of childhood of death
it's never what you wish to say
the mother-tongue castrates
the tongue is an organ of knowledge
about the failure of every poem
castrated by its own tongue
which is the organ of re-creation
of re-cognition
but not of resurrection
of the thing as negation,
of my horizon as maldoror with his hound
and there are no promises
in all that is speakable
this is the same as lying
(everything that can be said is a lie)
the rest is silence
only silence doesn't exist

no
words
do not make love
they make absence
if i said *water* would i drink?
if i said *bread* would i eat?

on this night in this world
the extraordinary silence of this night
the thing about the soul is it doesn't see itself
the thing about the mind is it doesn't see itself
the thing about the spirit is it doesn't see itself
where does this conspiracy of invisibilities come from?
not one word is visible

sombras
recintos viscosos donde se oculta
la piedra de la locura
corredores negros
los he recorrido todos
¡oh quédate un poco más entre nosotros!

mi persona está herida
mi primera persona del singular

escribo como quien con un cuchillo alzado en la oscuridad
escribo como estoy diciendo
la sinceridad absoluta continuaría siendo
lo imposible
¡oh quédate un poco más entre nosotros!

los deterioros de las palabras
deshabitando el palacio del lenguaje
el conocimiento entre las piernas
¿qué hiciste del don del sexo?
oh mis muertos
me los comí me atraganté
no puedo más de no poder más

palabras embozadas
todo se desliza
hacia la negra licuefacción

y el perro de maldoror
en esta noche en este mundo
donde todo es posible
salvo
el poema

shadows
viscous enclosures concealing
the stone of madness
black passageways
i've passed through them all
oh, why not stay with us a little longer!

my person is wounded
my first-person singular

i write as one who raises a knife in the darkness
i write as i speak
absolute sincerity would continue
being the impossible
oh, why not stay with us a little longer!

the breakdown of words
abandoning the palace of language
the knowledge between the legs
what did you do with the gift of sex?
oh, all my dead —
i ate them i choked
I've had enough of enough

muffled words
everything slips away
to a black liquefaction

and the hound of maldoror
on this night in this world
where anything is possible
except for
a poem

hablo
sabiendo que no se trata de eso
siempre no se trata de eso
oh ayúdame a escribir el poema más prescindible
el que no sirva ni para
ser inservible
ayúdame a escribir palabras
en esta noche en este mundo

i speak
knowing it isn't about that
it's never about that,
oh, help me write the most dispensable poem
      that can't even be used
      to be useless
help me write words
on this night in this world

TEXTOS DE SOMBRA

(posth.)

THE SHADOW TEXTS

(posth.)

> *Es una exhortación a los jóvenes para que no estén tristes,*
> *ya que existen la naturaleza, la libertad, Goethe,*
> *Schiller, Shakespeare, las flores, los insectos, etc.*
>
> — FRANZ KAFKA

Un jardín

Pido el silencio.
Mi historia es larga y triste como la cabellera de Ofelia.

Es un jardín dibujado en mi cuaderno. Madrugada. Instante desgarrado en que la luz es tentación y promesa porque algo ha muerto, la noche.

— *Sólo quería ver el jardín.*
— *Soy mi propio espectro.*
— *No hay que jugar al espectro porque se llega a serlo.*
— ¿Sos real?
— La imagen de un corazón que encierra la imagen de un jardín por el que voy llorando.
— *Ils jouent la pièce en étranger.*
— *Sinto o mundo chorar como lingua estrangeira.*
— *Das ganze verkerhrte Wesen fort.*
— *Another calling: my own words coming back ...*

> *It is an appeal to youth not to be sad, for,*
> *after all, there is nature, freedom, Goethe,*
> *Schiller, Shakespeare, flowers, insects, etc.*
>
> — FRANZ KAFKA

A garden

I ask for silence.
My story is long and mournful, like Ophelia's hair.

It is a garden sketched in my notebook. Sunrise. A torn moment
when light is temptation and promise, because something — the
night — has died.

— *I just wanted to see the garden.*
— *I am my own ghost.*
— *You shouldn't play the ghost, lest you become one.*
— Are you for real?
— The image of a heart that fences in the image of a garden I am
  sobbing for.
— *Ils jouent la pièce «en étranger».*
— *Sinto o mundo chorar como em língua estrangeira.*
— *Das ganze verkehrte Wesen fort.*
— *Another calling: my own words coming back ...*

Sólo buscaba un lugar más o menos propicio para vivir, quiero decir: un sitio pequeño donde cantar y poder llorar tranquila a veces. En verdad no quería una casa; Sombra quería un jardín.

— Sólo vine a ver el jardín — dijo.

Pero cada vez que visitaba un jardín comprobaba que no era el que buscaba, el que quería. Era como hablar o escribir. Después de hablar o de escribir siempre tenía que explicar:

— No, no es eso lo que yo quería decir.

Y lo peor es que también el silencio la traicionaba.

— Es porque el silencio no existe — dijo.

El jardín, las voces, la escritura, el silencio.

— No hago otra cosa que buscar y no encontrar. Así pierdo las noches.

Sintió que era culpable de algo grave.

— Yo creo en las noches — dijo.

A lo cual no supo responderse: sintió que le clavaban una flor azul en el pensamiento con el fin de que no siguiera el curso de su discurso hasta el fondo.

— Es porque el fondo no existe — dijo.

La flor azul se abrió en su mente. Vio palabras como pequeñas piedras diseminadas en el espacio negro de la noche. Luego, pasó un cisne con rueditas con un gran moño rojo en el interrogativo cuello. Una niñita que se le parecía montaba el cisne.

— Esa niña fui yo — dijo Sombra.

Sombra está desconcertada. Se dice que, en verdad, trabaja demasiado desde que murió Sombra. Todo es pretexto para ser un pretexto, pensó Sombra asombrada.

She was just looking for a more or less suitable place to live. What I mean is: some small spot where she could go to sing or cry in peace sometimes. Really what she wanted wasn't a house; Shadow wanted a garden.

— I just came to see the garden, she'd say.

But each time she visited a garden, it only confirmed that this wasn't what she was looking for, or the one she wanted. It was like speaking or writing. After speaking or writing, she always had to explain:

— No, that's not what I wanted to say.

And the worst thing is that even the silence betrayed her.

— Because silence doesn't exist, she'd say.

The garden, the voices, the writing, the silence.

— All I do is search and not find. This is how I spend my nights.

She felt herself guilty of some serious thing.

— I believe in the nights, she'd say.

To which she didn't know how to respond: It felt like they were nailing a blue flower to her thoughts so that she wouldn't follow the course of her discourse down into the depths.

— It's because the bottom of the river doesn't exist, she'd say.

The blue flower opened in her mind. She saw words like small stones scattered into the black space of the night. Later, a swan on little wheels passed by, with a great red bow tied to its question mark of a neck. A little girl who looked just like it rode on its back.

— That little girl was me, Shadow said.

Shadow is disconcerted. She tells herself that really she works too much ever since Shadow died. Everything is a pretext for being a pretext, Shadow thought shadily.

PREFACIO DE SOMBRA (I)

La hija de la voz la poseyó en su estar, en su ser, por la tristeza.

Los pequeños pájaros ponzoñosos que se abrevan en un agua negra donde se refleja la maravilla, son sus animales, son sus emblemas. A un tiempo mismo busca calentar su corazón suplicante.

Los perros nocturnos: otro llamamiento.

¿Quién conoce mi humor hiriente? Desde mi libro aullante «alguien mata algo».

Nadie me enciende ninguna lámpara, nadie es del color del deseo más profundo.

EL ENTENDIMIENTO

Empecemos por decir que Sombra había muerto. ¿Sabía Sombra que Sombra había muerto? Indudablemente. Sombra y ella fueron consocias durante años. Sombra fue su única albacea, su única amiga y la única que vistió luto por Sombra. Sombra no estaba tan terriblemente afligida por el triste suceso y el día del entierro lo solemnizó con un banquete.

Sombra no borró el nombre de Sombra. La casa de comercio se conocía bajo la razón social «Sombra y Sombra». Algunas veces los clientes nuevos llamaban Sombra a Sombra; pero Sombra atendía por ambos nombres, como si ella, Sombra, fuese en efecto Sombra, quien había muerto.

SHADOW PREFACE (I)

The daughter of the voice possessed her in her being-ness, in her being, out of sadness.

The small pernicious birds drink from water that's black and reflects many wonders: these are her animals, these her insignia. At the same time, she is looking for ways to warm her begging heart.

The night dogs: another calling.

Who is familiar with my hurting humor? From my howling book, "*somebody* killed *something*."

No one turns on any lamp for me, no one is the color of deepest desire.

THE UNDERSTANDING

Let's begin by saying that Shadow had died. Did Shadow know Shadow had died? Undoubtedly. She and Shadow were associates for years. Shadow was her sole legal executor, her only friend, and the only one who dressed in black for Shadow. Shadow was not too terribly affected by this sad occurrence, and on the day of the burial, she celebrated it by throwing a feast.

Shadow didn't erase Shadow's name. Their business was registered as "Shadow and Shadow." Sometimes, new clients would refer to Shadow as Shadow; but Shadow answered to both names, as if she, Shadow, were in fact Shadow, who had died.

ESCRITO CUANDO SOMBRA

— Empecemos por decir que Sombra había muerto.

— Desapareció tras su propia desaparición.

— Estaba trabajando en su despacho. Sin desearlo, escuchaba a la gente que pasaba golpeándose el pecho con las manos y las piedras del pavimento con los pies para entrar en calor.

— Entretanto, la bruma y la oscuridad hiciéronse tan densas que Sombra caminaba por su gabinete alumbrándose con fósforos.

SOMBRA: —¿Qué hora es?

— La que acaba de pasar. La última.

SOMBRA: — Hay en la escalera un niño. Es verdad que hace tiempo maltraté a un niño. A ése, precisamente.

Sombra conocía al niño abandonado en la escalera. Entonces solllozó.

PRESENCIA DE SOMBRA

Alguien habla. Alguien me dice.

Extraordinario silencio el de esta noche.

Alguien proyecta su sombra en la pared de mi cuarto. Alguien me mira con mis ojos que no son los míos.

Ella escribe como una lámpara que se apaga, ella escribe como una lámpara que se enciende. Camina silenciosa. La noche es una mujer vieja con la cabeza llena de flores. La noche no es la hija preferida de la reina loca.

Camina silenciosa hacia la profundidad la hija de los reyes.

De demencia la noche, de no tiempo. De memoria la noche, de siempre sombras.

WRITTEN AS SHADOW

— Let's begin by saying that Shadow had died.

— She disappeared after her own disappeareance.

— She was working in her office. Without wanting to, she listened to the people who passed by beating their chest with their hands and beating the cobbles with their feet so that they would warm themselves up.

— Meanwhile, the mist and the darkness grew so dense that Shadow had to pace through her office by matchlight.

Shadow: What time is it?

— The hour that just passed. An hour ago.

Shadow: There is a boy on the staircase. It's true that a long time ago I bullied a boy. That one, in particular.

Shadow knew the boy left behind on the staircase. And so she sobbed.

SHADOW'S PRESENCE

Someone is speaking. Someone is telling me.

Extraordinary, the silence of this night.

Someone casts her shadow on the wall of my room. Someone looks at me with my eyes that are not my own.

She writes like a lamp that turns off, she writes like a lamp that turns on. She walks in silence. The night is an old woman whose head is covered with flowers. The night is not the mad queen's favorite daughter.

She walks in silence towards the depths, this daughter of the kings.

Of dementia the night, of no time. Of memory the night, of always shadows.

SOMBRA: Je régarde ma main déserte.
Ai-je tenu la rose pure?
O ma nuit, nul jour ne la tue.
— K: Sombra lloró y habló más que en toda su existencia junta.
Fue poco antes de caer en el círculo opaco.
— X: Vayamos por las calles ahora que la tarde se cubrió de
pasionarias.
— UNA SOMBRA: Le devant est louable (on peut le louer par heure).
Le derrier est lavable (on peut le Labrounir étant donnée qu'on a sou-
ffert as el desdichado, ô monde, ô langage, ô Isidore!

TEXTO DE SOMBRA

Quiero existir más allá de mí misma: con los aparecidos.
Quiero existir como lo que soy: una idea fija. Quiero ladrar, no
alabar el silencio del espacio al que se nace.

TEXTO DE SOMBRA

¿Qué máscara usaré cuando emerja de la sombra? Hablo de esa
perra que en el silencio teje una trama de falso silencio para que yo
me confunda de silencio y cante del modo correcto para dirigirse a
los muertos.

Indeciblemente caigo en esto que en mí encuentro más o menos
presente cuando alguien formula mi nombre. ¿Por qué mi boca está
siempre abierta?

Shadow: Je régarde ma main déserte.
       Ai-je tenu la rose pure?
       O ma nuit, nul jour ne la tue.
K: Shadow cried and said more than she'd ever spoken in her entire existence. This was shortly before she fell in with that sinister circle.
X: Let's go through the streets, now that the afternoon is covered in passionflowers.
A Shadow: Le devant est louable (on peut le louer par heure). Le derrier est lavable (on peut le Labrounir étant donnée qu'on a souffert *as* the unfortunate one, ô monde, ô langage, ô Isidore)!

SHADOW TEXT

I want to exist beyond myself: with the embodied ones.
I want to exist as what I am: as a fixed idea. I want to bark, instead of praising the silence of the space you're born into.

SHADOW TEXT

Which mask will I wear when I emerge from the shadows? I'm talking about that bitch who sits in the silence weaving a plot of false silences so that I will get confused and sing in the proper way to address the dead.

Unspeakably, I fall into this thing I find more or less present in myself when someone pronounces my name. Why is it that my mouth is always open?

SALA DE PSICOPATOLOGÍA

Después de años en Europa
Quiero decir París, Saint-Tropez, Cap
St. Pierre, Provence, Florencia, Siena,
Roma, Capri, Ischia, San Sebastián,
Santillana del Mar, Marbella,
Segovia, Ávila, Santiago,
 y tanto
 y tanto
 por no hablar de New York y del West Village con rastros de
muchachas estranguladas
 — quiero que me estrangule un negro –dijo
 — lo que querés es que te viole — dije (¡oh Sigmund! con vos
se acabaron los hombres del mercado matrimonial que frecuenté en
las mejores playas de Europa)
 y como soy tan inteligente que ya no sirvo para nada,
 y como he soñado tanto que ya no soy de este mundo,
 aquí estoy, entre las inocentes almas de la sala 18,
 persuadiéndome día a día
 de que la sala, las almas puras y yo tenemos sentido, tenemos
destino,
 — una señora originaria del más oscuro barrio de un pueblo
que no figura en el mapa dice:
 — El dotor me dijo que tengo problemas. Yo no sé. Yo tengo
algo aquí (se toca las tetas) y unas ganas de llorar que mama mía.
 Nietzsche: "Esta noche tendré una madre o dejaré de ser."
 Strindberg: "E1 sol, madre, el sol."
 P. Éluard: "Hay que pegar a la madre mientras es joven."
 Sí, señora, la madre es un animal carnívoro que ama la vegetación
lujuriosa. A la hora que la parió abre las piernas, ignorante del sen-
tido de su posición destinada a dar a luz, a tierra, a fuego, a aire,
 pero luego una quiere volver a entrar en esa maldita concha,
 después de haber intentado nacerse sola sacando mi cabeza por mi
útero
 (y como no pude, busco morir y entrar en la pestilente guarida de
la oculta ocultadora cuya función es ocultar)

After years in Europe
I mean Paris, Saint-Tropez, Cap
Saint-Pierre, Provence, Florence, Siena,
Rome, Capri, Ischia, San Sebastián,
Santillana del Mar, Marbella,
Segovia, Ávila, Santiago
    and so forth
    and so forth
    to say nothing of New York and the West Village with their
traces of strangled young women
       — I want to be strangled by a black man, she said
       — what you want is to be raped, I said. (Oh, Sigmund!
Thanks to you we've run out of men in the marriage markets I fre-
quented at all the best beaches in Europe)
    and since I'm so smart that I've become useless,
    and since I've dreamed so much that I'm no longer of this world,
    here I am, among the innocent souls of Ward 18,
    convincing myself day after day
    that the ward, the pure souls and I have sense, have a destiny,
    One lady from the shadiest district of a backwater that doesn't
even show up on the map, she says:
    — Doc says I got problems. I don't know. I have something here
(she touches her tits) and a longing to cry, ay mama mia.
    Nietzsche: "Tonight I will have a mother or I will cease to be."
    Strindberg: "The sun, mother, the sun."
    P. Éluard: "You have to beat the mother while you're young."
    Yes, ma'am, the mother is a carnivorous animal that loves lush veg-
etation. The moment she gives birth, she spreads her legs — lacking
any sense of her own position as something destined to giving birth
— to earth, to fire, to air,
    but then there's one that wants to go back inside that damn cunt,
    after trying to give birth to herself alone, sticking my head out of
my uterus
    (and since I can't do this, I look to die and enter the foul lair of the
occult occultress whose role is to occult)

hablo de la concha y hablo de la muerte,

todo es concha, yo he lamido conchas en varios países y sólo sentí orgullo por mi virtuosismo — la mahtma gandhi del lengüeteo, la Einstein de la mineta, la Reich del lengüetazo, la Reik del abrirse camino entre pelos como de rabinos desaseados — ¡oh el goce de la roña!

Ustedes, los mediquitos de la 18 son tiernos y hasta besan al leproso, pero

¿se casarían con el leproso?

Un instante de inmersión en lo bajo y en lo oscuro,

sí, de eso son capaces,

pero luego viene la vocecita que acompaña a los jovencitos como ustedes:

— ¿Podrias hacer un chiste con todo esto, no?

Y

sí,

aquí en el Pirovano

hay almas que NO SABEN

por qué recibieron la visita de las desgracias.

Pretenden explicaciones lógicas los pobres pobrecitos, quieren que la sala — verdadera pocilga — esté muy limpia, porque la roña les da terror, y el desorden, y la soledad de los días vacíos habitados por antiguos fantasmas emigrantes de las maravillosas e ilícitas pasiones de la infancia.

Oh, he besado tantas pijas para encontrarme de repente en una sala llena de carne de prisión donde las mujeres vienen y van hablando de la mejoría.

Pero

¿qué cosa curar?

Y ¿por dónde empezar a curar?

Es verdad que la psicoterapia en su forma exclusivamente verbal es casi tan bella como el suicidio.

Se habla.

Se amuebla el escenario vacío del silencio.

O, si hay silencio, éste se vuelve mensaje.

— ¿Por qué está callada? ¿En qué piensa?

No pienso, al menos no ejecuto lo que llaman pensar. Asisto al inagotable fluir del murmullo. A veces — casi siempre — estoy hú-

I speak of the cunt and I speak of death,

everything is cunt, I've licked cunts in various countries and all I felt was pride in my virtuosity — the mahatma gandhi of tonguing, the Einstein of eating pussy, the Reich of cunnilingus, the Reik of clearing a path through the bush like grubby rabbis — oh the joy of smut!

You, little docs of the 18th, you are tender and will even kiss the leper, but

would you marry the leper?

A moment of immersion in what is base and dark,

yes, you're capable of that,

but then there's that little voice that comes with little men like you:

— You could make a joke out of all this, couldn't you?

And

yes,

here at Pirovano

there are souls who DON'T KNOW

why they got visits from disgrace.

Oh the poor little babies they give their fake logical explanations, they want the ward — a real pigpen — to be very clean, because filth freaks them out, and so does mess and so does the solitude of empty days inhabited by the ancient emigré ghosts of the illicit and marvelous passions of childhood.

Oh, I've kissed so many cocks to find myself suddenly in a ward that's full of prison flesh, where the women come and go talking of recovery.

But

what to cure?

And where to begin the cure?

It's true that psychotherapy with its strictly verbal format is almost as beautiful as suicide.

There is speaking.

The empty stage of silence fills with props.

Or when there is silence, this becomes the message.

— Why are you being quiet? What are you thinking about?

I do not think, or at least I do not carry out what they call thinking. I attend to the inexhaustible stream of babbling. Sometimes — almost always — I am wet. I'm a whore, in spite of Hegel. I'd like a guy

meda. Soy una perra, a pesar de Hegel. Quisiera un tipo con una pija así y cogerme a mí y dármela hasta que acabe viendo curanderos (que sin duda me la chuparán) a fin de que me exorcisen y me procuren una buena frigidez.

Húmeda
Concha de corazón de criatura humana,
corazón que es un pequeño bebé inconsolable,
«Como un niño de pecho he acallado mi alma» (Salmo)
Ignoro qué hago en la sala 18 salvo honorarla con mi presencia prestigiosa (si me quisieran un poquito me ayudarian a anularla)
oh no es que quiera coquetear con la muerte
yo quiero solamente poner fin a esta agonía que se vuelve ridícula a fuerza de prolongarse,
(Ridículamente te han adornado para este mundo — dice una voz apiadada de mí)
Y
Que te encuentres con vos misma — dijo.
Y yo le dije:
Para reunirme con el *migo* de *conmigo* y ser una sola y misma entidad con él tengo que matar al *migo* para que así se muera el *con* y, de este modo, anulados los contrarios, la dialéctica supliciante finaliza en la fusión de los contrarios.
El suicidio determina
un cuchillo sin hoja
al que le falta el mango.
Entonces:
adiós sujeto y objeto,
todo se unifica como en otros tiempos, en el jardín de los cuentos para niños lleno de arroyuelos de frescas aguas prenatales,
ese jardín es el *centro* del mundo, es el lugar de la cita, es el espacio vuelto tiempo y el tiempo vuelto lugar, es el alto momento de la fusión y del encuentro,
fuera del espacio profano en donde el Bien es sinónimo de evolución de sociedades de consumo,
y lejos de los enmierdantes simulacros de medir el tiempo mediante relojes, calendarios y demás objetos hostiles,
lejos de las ciudades en las que se compra y se vende (oh, en ese jardín para la niña que fui, la pálida alucinada en los suburbios mal-

with a cock like *this* and then take myself with it and give it to myself until I end up seeing witch doctors (who will suck it for me no doubt) so that they can exorcise me and grant me a nice frigidity.

Wet

Cunt of the heart of a human creature,

the heart a small inconsolable infant,

"Surely I have stilled and quieted my soul like a nursing child" (Psalm)

I don't know what I'm doing in Ward 18, except honoring it with my prestigious presence (if you liked me a little, you'd help me get rid of it)

oh it's not that I want to flirt with death

I only want to put an end to this agony that is getting ridiculous the more it's prolonged

(— Ridiculously is how they've adorned you for this world, says a voice that takes pity on me)

And

— May you find yourself, it said.

I answered:

In order to be reunited with the *my* of *myself* and be only one and the same entity with it, I have to kill the *my* so that the *self* will die and, in this way, opposites canceling out, the supplicant dialectic can end with the fusion of opposites.

Suicide defines

a knife without a blade

that's missing its handle.

So:

farewell subject and object,

everything unifies as in other times, in the garden of children's stories full of little streams of fresh prenatal water,

that garden is the *center* of the world, it is the place of meeting, it is space become time and time become place, it is the high moment of fusion and encounter,

outside the profane space where the Good is synonymous with the evolution of consumer societies,

and far from the exasperating simulacra of measuring time with clocks, calendars and other hostile objects.

far from the cities where we buy and sell (oh, in that garden for

sanos por los que erraba del brazo de las sombras: niña, mi querida
niña que no has tenido madre (ni padre, es obvio)
De modo que arrastré mi culo hasta la sala 18,
en la que finjo creer que mi enfermedad de lejanía, de separación
de absoluta NO-ALIANZA con Ellos
— Ellos son todos y yo soy yo —
finjo, pues, que logro mejorar, finjo creer a estos muchachos de
buena voluntad (¡oh, los buenos sentimientos!) me podrán ayudar,
pero a veces — a menudo — los recontraputeo desde mis sombras
interiores que estos mediquillitos jámás sabrán conocer (la profundi-
dad, cuanto más profunda, más indecible) y los puteo porque evoco a
mi amado viejo, el Dr. Pichon R., tan hijo de puta como nunca lo será
ninguno de los mediquitos (tan buenos, hélas!) de esta sala,
pero mi viejo se me muere y éstos hablan y, lo peor, éstos tienen
cuerpos nuevos, sanos (maldita palabra) en tanto mi viejo agoniza
en la miseria por no haber sabido ser un mierda práctico, por haber
afrontado el terrible misterio que es la destrucción de un alma, por
haber hurgado en lo oculto como un pirata — no poco funesto pues
las monedas de oro del inconsciente llevaban carne de ahorcado, y en
un recinto lleno de espejos rotos y sal volcada —
viejo remaldito, especie de aborto pestífero de fantasmas sifilíticos,
cómo te adoro en tu tortuosidad solamente parecida a la mía,
y cabe decir que siempre desconfié de tu genio (no sos genial; sos
un saqueador y un plagiario) y a la vez te confié,
oh, es a vos que mi tesoro fue confiado,
te quiero tanto que mataría a todos estos médicos adolescentes para
darte a beber de su sangre y que vos vivas un minuto, un siglo más,
(vos, yo, a quienes la vida no nos merece)

Sala 18
cuando pienso en laborterapia me arrancaría los ojos en una casa
en ruinas y me los comería pensando en mis años de escritura con-
tinua,
15 o 20 horas escribiendo sin cesar, aguzada por el demonio de las
analogías, tratando de configurar mi atroz materia verbal errante,
porque — oh viejo hermoso Sigmund Freud — la ciencia psicoa-
nalítica se olvidó la llave en algún lado:

the girl I used to be, the pale dazzled girl in the insanitary suburbs where I wandered arm in arm with the shadows): girl, my dear girl who hasn't had a mother (or a father, obviously)

So I dragged my ass all the way to Ward 18,

where I pretend to believe that my sickness of distance, of separation, of absolute NON-ALLIANCE with Them

— They are everyone and I am I —

I pretend, then, to be recovering, I pretend to believe that these young men of good will (oh, noble feelings!) will be able to help me,

but sometimes — often — I hiss at them from my interior shadows that these little doctors will never be able to know (the depths, the deeper they get the more ineffable) and I fuck with them because I remember my beloved old man, Dr. Pichón R., that son of a bitch the little doctors of this ward (they're so good, alas!) will never live up to,

but my old man dies on me and these guys talk, and what's worse, they have bodies that are new and healthy (hateful word), while my old man agonizes in poverty for not knowing how to be a sensible scumbag, for confronting the terrible mysteries of the destruction of a soul, for plundering secrets like a pirate — not a little disastrously, since the gold coins of the unconscious carried the flesh of a hanged man, and an enclosure full of broken mirrors and piles of salt —

old man doubly damned, you breed of pestilent miscarriage of syphilitic ghosts, how I adore you with your deviousness which is nothing but similar to my own,

and it's possible to say I always mistrusted your genius (you're not so genial; you're a plunderer and a plagiarist) but at the same time I trusted you,

oh, it's to you that I entrusted my treasure,

I love you so much that I would kill all these adolescent doctors to give you their blood to drink so that you'd live for one more minute, for one more century,

(you, me, whom life isn't worthy of)

Ward 18

when I think of occupational therapy I think of poking out my eyes in a house in ruin then eating them while thinking of all my years of continuous writing,

15 or 20 hours writing without a break, whetted by the demon of

215

abrir se abre
pero ¿cómo cerrar la herida?

El alma sufre sin tregua, sin piedad, y los malos médicos no
restañan la herida que supura.
El hombre está herido por una desgarradura que tal vez, o
seguramente, le ha causado la vida que nos dan.
«Cambiar la vida» (Marx)
«Cambiar el hombre» (Rimbaud)
Freud:
«La pequeña A. está embellecida por la desobediencia», (*Cartas*
...)

Freud: poeta trágico. Demasiado enamorado de la poesía
clásica. Sin duda, muchas claves las extrajo de «los filósofos de la
naturaleza», de «los románticos alemanes» y, sobre todo, de mi
amadísimo Lichtenberg, el genial físico y matemático que escribía
en su Diario cosas como:
«Él le había puesto nombres a sus dos pantuflas»
Algo solo estaba, ¿no?
(¡Oh, Lichtenberg, pequeño jorobado, yo te hubiera amado!)
Y a Kierkegaard
Y a Dostoyevski
Y sobre todo a Kafka
a quien le pasó lo que a mí, si bien él era púdico y casto —
«¿Qué hice del don del sexo?» — y yo soy una pajera como no
existe otra;
pero le pasó (a Kafka) lo que a mí:
se separó
fue demasiado lejos en la soledad
y supo — tuvo que saber —
que de allí no se vuelve

se alejó — me alejé —
no por desprecio (claro es que nuestro orgullo es infernal)
sino porque una es extranjera
una es de otra parte,
ellos se casan,

analogies, trying to configure my terrible wandering verbal matter,
because — oh dear old Sigmund Freud — psychoanalytic science
forgot its key somewhere:
to open it opens
but how to close the wound?

The soul suffers without relief, without piety, and the evil doctors
do not stanch the festering wound.
Mankind is wounded by an affliction that perhaps, or most likely,
has caused him the life we are given.
"To change life" (Marx)
"To change man" (Rimbaud)
Freud:
"Little A. is made beautiful by her disobedience." (*Letters*)

Freud: tragic poet. Too in love with classical poetry. Without a
doubt, he drew many clues from "the philosophers of nature," from
"the German Romantics" and, above all, from my beloved Lichten-
berg, the ingenious physicist and mathematician who wrote in his
Diary things like:
"He had given names to his two slippers."
He was sort of alone, wasn't he?
(Oh, Lichtenberg, little hunchback, I would've loved you!)
And Kierkegaard
And Dostoyevsky
And most of all Kafka
who suffered the same fate as me, even though he was so proper
and chaste. — "What did I do with the gift of sex?" — and I'm a
wanker like no other;
but what happened (to Kafka) is the same as what happened to me:
he withdrew
he went too far into solitude
and knew — he must've known —
you never come back from there

he withdrew — I withdrew —
not out of contempt (of course it's that our pride is infernal)
but because one of them is a foreigner

procrean,
veranean,
tienen horarios,
no se asustan por la tenebrosa
ambigüedad del lenguaje
(No es lo mismo decir *Buenas noches* que decir *Buenas noches*)
El lenguaje
—yo no puedo más,
alma mía, pequeña inexistente,
decidíte;
te las picás o te quedás,
pero no me toques así,
con pavura, con confusión,
o te vas o te las picás,
yo, por mi parte, no puedo más.

1971

one is from somewhere else,
they get married,
they procreate,
they summer,
they have schedules,
they are not scared of the dark
ambiguity of language
(It's not the same thing to say *Good evening* as it is to say *Good night*)
Language
— I just can't anymore,
soul, my little nonexistent,
decide for yourself:
either you get out or you stay
but don't touch me like this,
with dread, with confusion,
either you leave or you get lost,
as for me, I just can't anymore.

ALIANZA

Ella se abandona en la tregua originada por la noche. Dentro de ella todo hace el amor.

Alianza entre lo contemplado y su contemplación. Alegría de transgredir, reclamo de puntos vivos de referencia y de la realidad total perceptible en un instante que es todos los instantes.

Ella se abandona a un pensar desmesurado y al hechizo por un espacio definido: un lugar que obra como llamamiento.

es como si me pidiera la luna.
Me digo:
Si me pide la luna es porque la necesita.
Pero si (supongamos) le llevo la luna, me dirá
algo nada Undo de escuchar.
               Además, está lo otro, está lo otro.
                    («Si me muriera ahora mismo
                         qué alegre iba a ser.»)
                              Si me muriera.

ALLIANCE

She abandons herself to a truce from the night. Everything inside her is making love.

Alliance between the contemplated and the contemplation. Happiness of transgression, the lure of vivid reference points, of total reality perceived in a moment that is all moments.

She abandons herself to an excessive way of thinking and to a spell for a defined space: a place that functions as a call to something.

it's like asking me for the moon.
I tell myself:
If someone is asking for the moon, it's because they need it.
But if (let's say) I take them the moon, they'll say
something that won't sound good at all.
        Besides, there's the other thing, the other thing.
          ("If I died right here and now
             how happy I would be.")
           If I died.

SOUS LA NUIT

A Y. Yván Pizarnik de Kolikovski, mi padre

Los ausentes soplan grismente y la noche es densa. La noche tiene
el color de los párpados del muerto.
Huyo toda la noche, encauzo la persecución y la fuga, canto un
canto para mis males, pájaros negros sobre mortajas negras.
Grito mentalmente, el viento demente me desmiente, me confino,
me alejo de la mano crispada, no quiero saber otra cosa que este cla-
mor, este resolar en la noche, esta errancia, este no hallarse.

Toda la noche hago la noche.
Toda la noche me abandonas lentamente como el agua cae lenta-
mente. Toda la noche escribo para buscar a quien me busca.
Palabra por palabra yo escribo la noche.

entrar entrando adentro de una música al suicidio al nacimiento

SOUS LA NUIT

For Y. Yván Pizarnik de Kolikovski, my father

The absent figures are sighing greyly, and the night is heavy. The night is the color of the eyelids of the dead.

I escape all night long. I orchestrate the chase, the fugue. I sing a song to my affliction. Black birds over black shrouds.

I scream in my mind. The demented wind denies me. I have confined myself I draw back from the tense hand. I don't want to know anything except this clamor, this night panting, this errancy, this not finding.

All night long I make the night.

All night long you abandon me slowly like water falling slowly. All night long I write, to look for the one who looks for me.

Word by word I am writing the night.

to enter entering into a music for suicide for birth

PARA JANIS JOPLIN
(fragmento)

a cantar dulce y a morirse luego.
no:
a ladrar.

así como duerme la gitana de Rousseau.
así cantás, más las lecciones de terror.

hay que llorar hasta romperse
para crear o decir una pequeña canción,
gritar tanto para cubrir los agujeros de la ausencia
eso hiciste vos, eso yo.
me pregunto si eso no aumentó el error.

hiciste bien en morir.
por eso te hablo,
por eso me confío a una niña monstruo.

1972

FOR JANIS JOPLIN

(fragment)

to sing sweet and die soon.
no:
to bark.

like Rousseau's sleeping gypsy:
this is how you sing, plus the lessons in terror.

you have to cry until you break
in order to make or utter a small song,
to scream so much to fill the holes of absence
that's what you did, what I did.
I wonder if that didn't make the error worse.

you did well to die.
that's why I speak to you,
why I confide in a girl monster.

EL OJO DE LA ALEGRÍA (UN CUADRO DE CHAGALL Y SCHUBERT)

La muerte y la muchacha
abrazadas en el bosque
devoran el corazón de la música
en el corazón del sinsentido

una muchacha lleva un candelabro de siete brazos
y baila detrás de los tristes músicos
que tañen violines rotos
en torno a una mujer verde abrazada a un unicornio y a una mujer
                                        azul abrazada a un gallo

en lo bajo
y en lo triste
hay casitas
que nadie ve
de madera, húmedas,
hundiéndose como barcos,
¿era esto, pues, el concepto del espacio?
criaturas en erección
y la mujer azul
en el ojo de la alegría enfoca directamente
la taumaturga estación de los amores muertos.

THE EYE OF JOY (A SCENE WITH CHAGALL AND SCHUBERT)

Death and the maiden
embracing in the forest
devour the heart of music
in the heart of senselessness

a maiden carries a candelabra that has seven arms
and dances behind the sad musicians
that play broken violins
around a green woman embracing a unicorn and a blue woman
                                        embracing a rooster

in the low
and in the sadness
there are little houses
no one sees
damp, made of wood
sinking like boats
was this then the concept of space?
creatures erect
and the blue woman
in the eye of joy focuses directly on
the miraculous season of loves that have died.

EN UN PRINCIPIO FUERON MIS MUERTOS

Los ausentes soplan grismente y la noche es densa.
La noche tiene el color de los párpados del muerto.

Toda la noche huyo, encauzo la persecución y la fuga,
canto un canto para mis males,
pájaros negros sobre mortajas negras.

Un viento demente me desmiente. Me confino, me alejo de la
mano crispada, no sé otra cosa que la noche oscura.

IN THE BEGINNING, THEY WERE MY DEAD

The absent ones are sighing greyly, and the night is heavy.
The night is the color of the eyelids of the dead.

I escape all night long. I orchestrate the chase and the fugue,
I sing a song to my affliction,
black birds over black shrouds.

The demented wind denies me. I have myself confined. I draw back
from the tense hand, I don't know anything except for the dark night.

El color infernal de algunas pasiones, una antigua ternura. Los faltos de algo, de todo, al sol negro de sus deseos elementales, excesivos, no cumplidos.

Alguien canta una canción del color del nacimiento: por el estribillo pasa la loca con su corona plateada. Le arrojan piedras. Yo no miro nunca el interior de los cantos. Siempre, en el fondo, hay una reina muerta.

La canción desesperada no se deja decirse. La materia verbal errante no cesa de emanar del centro que no es centro, del mareo de las flores auríferas imbuidas del oro de los buscadores de oro.

The infernal color of certain passions, an ancient tenderness. Those lacking something, or everything, to the black sun of desires that are elemental, excessive, unfulfilled.

Someone sings a song the color of birth: the madwoman passes through the chorus with her silvery crown. They throw stones at her. I never see the inside of songs. At the bottom, there is always a dead queen.

The desperate song doesn't let itself be spoken. The wandering verbal matter doesn't stop emanating from the center that is not a center, from the faintness of the gold-bearing flowers imbued with the gold of the miners of gold.

SOLAMENTE LAS NOCHES

A Jean Aristeguieta,
A Árbol de Fuego.

escribiendo
he pedido, he perdido.

en esta noche, en este mundo,
abrazada a vos,
alegría de naufragio.

he querido sacrificar mis días y mis semanas
en las ceremonias del poema.

he implorado tanto
desde el fondo de los fondos
de mi escritura.

Coger y morir no tienen adjetivos.

1972

ONLY THE NIGHTS

For Jean Aristeguieta
For Arbol de Fuego.

writing
I have asked, I have lost.

on this night, in this world,
embracing you,
joy of wreckage.

I have wanted to sacrifice my days and my weeks
in the ceremonies of the poem.

I have begged so much
from the depths of the depths
of my writing.

To fuck and to die have no adjectives.

y cantos
entre ruinas de niños ahogados,
más allá de toda destrucción,
de todas las ceremonias de la muerte
está la presencia de quien yo amo,
quien disipa las apariencias de los atroces espejos del mediodía,
quien evita incluso que los espejos se rompan,
que la sal se vuelque.

1971

no oigo los sonidos orgasmales de ciertas palabras preciosas.
en efecto, las formas, las voces, los rumores, las caídas de muerte
en muerte, no tienen fin.
espacio de desafección en donde no se sabe qué hacer con tanto no
querer.

8-VIII-1971

¿Quién es yo?
¿Solamente un reclamo de huérfana?
Por más que hable no encuentro silencio.
Yo, que sólo conozco la noche de la orfandad.
Espera que no cesa,
pequeña casa de la esperanza.

1972

and song
among the ruins of drowned children,
beyond all destruction,
beyond all the ceremonies of death,
there is the presence of the one I love,
who dispels the appearances of the terrible mirrors of noon,
who even keeps the mirrors from breaking,
and the salt from spilling over.

i do not hear the orgasmic sounds of certain precious words.

in effect, the forms, the voices, the rumors, the falls of death into death, they have no end.

space of disaffectation where you don't know what to do with so much lack of want.

Who is I?
Just an orphan's complaint?
For all my speaking, I can't find silence.
Me, who only knows the night of orphanhood.
Wait, because it doesn't end,
little house of hope.

no, la verdad no es la música
yo, triste espera de una palabra
que nombre lo que busco
¿y qué busco?
no el nombre de la deidad
no el nombre de los nombres
sino los nombres precisos y preciosos
de mis deseos ocultos

algo en mi me castiga
desde todas mis vidas:
— Te dimos todo lo necesario para que comprendieras
y preferiste la espera,
como si todo te anunciase el poema
(aquel que nunca escribirás porque es un jardín inaccesible

— sólo vine a ver el jardín —)

1971

no, truth is not music
I, the sad waiting for a word
to name the thing I look for
and what am I looking for?
not the name of the deity
not the name of the names
but the precise and precious names
of my hidden desires

something in me punishes me
from all my lives ago:
— We gave you everything you needed to understand
and you preferred the waiting,
as if everything were announcing the poem to you
(the one you'll never write because it is an unreachable garden

— "I just came to see the garden.")

sólo vine a ver el jardín.
tengo frío en las manos.
frío en el pecho.
frío en el lugar donde en los demás se forma el pensamiento.
no es éste el jardín que vine a buscar
a fin de entrar, de entrar, no de salir.

por favor, no creas que me lamento.
si comprendieras la voluptuosidad de comprobar.

me amaron, a lo menos eso dijeron.
muchos me amaron porque no soy parecida más que a mí
y por otros imponderables más bellos que la sonrisa de la Virgen de
las Rocas.

yo, ahora, creo amar y me siento acabada, epilogada.
¿cómo aprender los gestos primarios
de las pasiones elementales?

No me consuela

1972

I just came to see the garden.
my hands are cold.
chest is cold.
the place where for others thought is formed, is cold
this is not the garden I was looking for
for the sake of entering, of entering, not leaving.

please, don't think I am mourning myself.
if you only understood the voluptuousness of confirming.

they loved me, at least that's what they said.
many loved me because I don't resemble anyone except myself
and for other imponderables lovelier than the smile of the Virgin of
the Rocks.
and now, I think I love and I feel finished, epilogued.
how to learn the basic gestures
of elementary passions?

It doesn't console me.

A Ana Becciú

Ella no espera en sí misma. Nada de sí misma. Demasiado ensimismada.

Sólo vine a ver el jardín donde alguien moría por culpa de algo que no pasó o de alguien que no vino.

Ella es un interior.
Todo ha sido demasiado y ella se irá.

Y yo me iré.

Triste cuando deseo y cuando no. Triste cuando con un cuerpo y cuando no. Triste cuando con su sonrisa y cuando no.

For Ana Becciú

She doesn't hope in herself. In nothing of herself. Too much in herself.

I just came to see the garden where someone was dying on account of something that never happened or of someone who never came.

She is an interior.
Everything has been too much and she will leave.

And so will I.

Sad when I desire and when I don't. Sad when with a body and when without. Sad when with a smile and when without.

Era azul como su mano en el instante de la muerte. Era su mano crispada, era el último orgasmo. Era su pija parada como un pájaro que está por llover, parada para recibirla a ella, la muerte, la amante (o no)

Ya no sé hablar. ¿Con quién?

Nunca encontré un alma gemela. Nadie fue un sueño. Me dejaron con los sueños abiertos, con mi herida central abierta, con mi desgarradura. Me lamento; tengo derecho a hacerlo. Asimismo, desprecio a los que no se interesan por mí. Mi solo deseo ha sido

No lo diré. Hasta yo, o sobre todo yo, me traiciono. Como un niño de pecho he acallado mi alma. Ya no sé hablar. Ya no puedo hablar. He desbaratado lo que no me dieron, que era todo lo que tenía. Y es otra vez la muerte. Se cierne sobre mí, es mi único horizonte. Nadie se parece a mi sueño. He sentido amor y lo maltrataron, sí, a mí que nunca había querido. El amor más profundo desaparecerá para siempre. ¿Qué podemos amar que no sea una sombra? Murieron ya los sueños sagrados de la infancia y la naturaleza también, la que me amaba

abril, 1972

Que me dejen con mi voz nueva, desconocida. No, no me dejen. Sombría como un *golem* la infancia se ha ido, y la gracia y la disipación de mis dones.

mayo de 1972

It was blue like his hand in the instant of dying. It was his tense hand, it was the final orgasm. It was his cock erect as a bird about to rain, standing in wait for her, for death, the lover (or not)

I don't know how to speak anymore. And with whom?

I never found a soulmate. No one was a dream. They left me with open dreams, with my central wound wide open, with my heart torn. I mourn myself; this is my right. And yet I look down on those who take no interest in me. My only desire has been.

I will not say it. Even I, or especially I, betray myself. Like a nursing boy, my soul has been soothed. I don't know how to speak anymore. I can't speak anymore. I have taken apart what they never gave me, which was all I had. And it is death again. It closes in on me, it is my only horizon. No one resembles my dream. I have felt love and they mistreated it, yes, me, I who had never loved. The deepest love will disappear forever. What can we love that isn't a shadow? The sacred dreams of childhood have already died, and with them those of nature, which loved me.

Let them leave me to my new and unfamiliar voice. No, don't leave me. As somber as a golem, my childhood is over, along with grace and the dispersal of my gifts.

EL CREPÚSCULO

¿Para quién el silencio?
— El anochecer es el mismo en todas partes.
— Estás detrás de la lluvia, detrás de la cara del muerto.
Si pudiera comerme la lengua, si pudiera ahogar en un agua
negra mi memoria soleada.
— Cuando hablas no se entiende nada.
— Soy oscura porque estoy sola.
— No les hablés: mirá y pasá.
— Me coge. Que parece morir. Que parezco agonizar.

16/VI/72

ALGUIEN MATÓ ALGO

la hija de la voz la poseyó en su estar, por la tristeza.

los pequeños pájaros ponzoñosos que se abrevan en un agua
donde se refleja la flor de la maravilla, son sus animales, son sus
emblemas, a un tiempo mismo busca calentar su voz suplicante.

1972

WRITTEN IN THE TWILIGHT

For whom the silence?
— Dusk is the same everywhere.
— You are behind the rain, behind the face of the dead man.
If I could eat my tongue, if I could drown my sunned memory in black water.
— When you speak we can't understand anything.
— I am dark because I am alone.
— Don't talk to them: look on and keep going.
— He takes me. That it looks like dying. That I look like anguish.

SOMEBODY KILLED SOMETHING

the daughter of the voice possessed her in her being-ness, out of sadness.

the small pernicious birds drink from water that's black and reflects a marigold: these are her animals, these her insignia, at the same time she is looking to warm her begging voice.

TE HABLO

A.H.M.

estoy con pavura.
hame sobrevenido lo que más temía.
no estoy en dificultad:
estoy en no poder más.

No abandoné el vacío y el desierto.
vivo en peligro.

tu canto no me ayuda.
cada vez más tenazas,
más miedos,
más sombras negras.

A MODO DE TREGUA

A Francisco Porrúa

si no entiendo,
si vuelvo sin entender,
habré sabido qué cosa es
no entender.

I SPEAK TO YOU

A.H.M.

I am frightened.
The thing I feared most has come over me.
I am not in trouble:
I am not able to bear it anymore.

I did not abandon the void or the desert.
I live in danger.

your song doesn't help me.
each time it's more pincers,
more fears,
more black shadows.

BY WAY OF A TRUCE

For Francisco Porrúa

if I don't understand,
if I return without understanding,
I will have known what it is
not to understand.

JARDÍN O TIEMPO

A Renée Cuellar

Es una muerta estación
cuando los lobos viven sólo de viento
y la vista de todos los grises
es lo único que rompe el silencio
en el que yo vi mi sol oscurecerse

Voces mías que, unas con silencios
y otras con colores,
me atormentan:
diremos su nombre y no vendrá;
de cerca, de lejos, no responderá.

Serás desolada
y tu voz será la fantasma
que se arrastra por lo oscuro,
jardín o tiempo donde su mirada
silencio, silencio

ESCRITO EN «*ANAHUAC*» (TALITAS)

Verde esencialmente reconcentrado en mis ojos que pintan la
hieba que luego echa flores en la memoria de los animales.

Abrazada a la tierra. Tierra o madre o muerte, no me abandones
aun si yo me he abandonado.

GARDEN OR TIME

For Renée Cuellar

You call that a dead season
when the wolves live on wind
and the views of greyness
are the only thing to break the silence
in which I've seen my own sun darkened.

My voices, or with silence
or with colors,
offer tortures:
we'll say his name and he won't come;
near or far and no response.

You will be desolate
and your voice will be a ghost
dragging itself through the dark,
garden or time where his glance
silence, silence

WRITTEN IN *ANAHUAC* (TALITHA)

Green essence pooled again in my eyes, which paint the grass, which will later bloom in the memories of animals.

Embracing the earth. Earth or mother or death: do not abandon me, even if I have abandoned myself.

A Silvina Ocampo

al viento no lo escuchéis,
al viento.
      toco la noche,
a la noche no la toquéis,
al alba,
      voy a partir,
al alba no partáis, al alba
voy a partir.

No [poder] querer más vivir sin saber qué vive en lugar mío ni escribir si para herirme la vida toma formas tan extrañas.

en la noche del corazón.
en el centro de la idea negra.

ningún hombre es visible.
nadie está en algún jardín.

Alguien
      cae
            en
                  su
                        primera caída.

. . . AL ALBA VENID . . .

For Silvina Ocampo

to the wind do not listen,
to the wind.
   i touch the night,
the night do not touch it,
towards dawn,
   i will go,
towards dawn do not go, towards dawn
i will go.

No longer being able to want to live without knowing what will live in
place of me, nor to write if life takes on shapes this strange to hurt me.

on the night of the heart.
at the center of the black idea.

no man is visible.
no one is in any garden.

Someone
      falls
           into
                her
                    first fall.

Yo voces.
Yo el gran salto.

Cuando la noche sea mi memoria
mi memoria será la noche

La noche soy y hemos perdido.
Así hablo yo, cobardes.
La noche ha caído y ya se ha pensado en todo.

Septiembre de 1972

I voices.
I the great leap.

When night becomes my memory
my memory will be the night.

The night is me and we have lost.
That's how I speak, you cowards.
Night has fallen and everything has been thought of now.

El sol como un gran animal demasiado amarillo. Es una suerte que nadie me ayude. Nada más peligroso, cuando se necesita ayuda, que recibir ayuda.

*

Me remoro al sol de la infancia, infusa de muerte, de vida hermosa.

*

Pero a mi noche no la mata ningún sol.

*

La errancia, la canción de nosotros dos, tiemblo como en una metáfora el alma comparada con una candela.

*

Y nada será tuyo salvo un ir hacia donde no hay dónde.

*

He aquí que se estremece el espacio como un gran loco.

*

Alguien demora en el jardín el paso del tiempo.

*

Me alimento de música y de agua negra. Soy tu niña calcinada por un sueño implacable.

The sun like a great, exceedingly yellow animal. It's a good thing no one helps me. Nothing more dangerous than to need help and actually get it.

*

I'm reminded of the sun of my childhood. Infused with death, with gorgeous life.

*

But this night of mine can't be killed by any sun.

*

The errancy, our song. I tremble like a soul linked in metaphor to a candle.

*

And nothing will be yours except a movement toward a where that is whereless.

*

Behold space trembling like a great madman.

*

Someone in the garden is delaying the passing of time.

*

My food is music and black waters. I am a girl burned by a ruthless sleep.

*

Máscaras de la noche en qué lugar perdido que nadie más que yo
conoce.

*

¿Tendré tiempo para hacerme una máscara cuando emerja de la
sombra?

*

Invitada a ir nada más que hasta el fondo.

*

Me pruebo en el lenguaje en que compruebo el peso de mis
muertos.

*

El mar esconde sus muertos. Porque lo de abajo tiene que quedar
abajo.

*

Para mejor ser el que fue, ha querellado con su nueva sombra, ha
luchado contra lo opaco.

*

Masks of night from a lost place that only I have known.

*

Will there be time to make myself a mask when I emerge from the shadows?

*

Invited to go where else but down into the depths.

*

I weigh myself in the language I use for weighing my dead.

*

The sea hides its dead. Because what lies below must stay below.

*

In order to be who he once was, he has filed a complaint against his new shadow, he has fought against the dark.

golpean las sombras
las sombras negras
de los muertos

nada sino golpes

y se ha llorado

nada sino golpes

the shadows strike blows
the black shadows
of the dead

nothing but blows

and there were cries

nothing but blows

criatura en plegaria
rabia contra la niebla

escrito
en
el
crepúsculo

contra
la
opacidad

no quiero ir
nada más
que hasta el fondo

oh vida
oh lenguaje
oh Isidoro

Septiembre de 1972

child in prayer
rage against the fog

written
in   against
the   the
twilight   dark

I want to go
nowhere if not
down into the depths

oh life
oh language
oh Isidore

September 1972

NOTES

EXTRACTING THE STONE OF MADNESS

The title poem (p. 71) makes a direct allusion to *The Cure of Folly* (or *Cutting the Stone*), a painting, completed by Hieronymus Bosch sometime after 1494, that depicts purported medieval notions of mental illness. According to this belief, madness was a tumor or stone lodged in the patient's skull. The cure for madness, therefore, required the excision of this imaginary stone, usually through trephination, a technique in which the surgeon drilled a hole into the skill until he reached the dura mater. Even in prehistoric times, the procedure was used to treat head wounds; now considered a pseudoscience, this practice was widely believed to relieve mental disorders, as well as epileptic seizures and migraines.

Bosch's representations of gardens, music, death, and both physical and psychological suffering figure prominently in Alejandra Pizarnik's imagery. Like *The Garden of Earthly Delights*, a triptych by the Dutch master that also influenced her work, *The Cure of Folly* is housed at the Museo del Prado, in Madrid.

A MUSICAL HELL

These translations are based on the original Spanish texts as they appear in Alejandra Pizarnik, *Poesía completa*, edited and compiled by Ana Becciù (Barcelona: Editorial Lumen, 2000).

Page 95: "Cold in Hand Blues" is a song written by Jack Gee and Fred Longshaw in 1925. That same year, Columbia Records released an album with a performance of the song that featured Longshaw, Bessie Smith, and Louis Armstrong.

Pages 105 and 109: *The Garden of Earthly Delights*, housed at the Museo del Prado, in Madrid, is a triptych painted by the Dutch master Hieronymus Bosch (1450–1516) sometime between 1490 and 1510. The title poem of the collection refers to the "hell" panel, which depicts musicians playing on garish instruments that are used for torture.

Page 113: *Les Chants de Maldoror* is a long narrative prose poem by the Comte de Lautréamont, the pseudonym of the precocious Uruguayan-born French Surrealist writer Isidore Lucien Ducasse (1846–1870). Lautréamont's work played a significant role in the Surrealist movement and, as a result, was highly influential in Pizarnik's imagery and use of prose forms.

Page 119: The line "L'obscurité des eaux" is from *Le Téâtre et son double*, a collection of essays by the French writer, actor, and theater director Antonin Artaud (1896–1948). The original text reads: *Mais d'une autre realité dangereuse et typique, ou les Principes, comme les dauphins, quand ils ont montré leur tête s'empressent de rentrer dans l'obscurité des eaux.*

Parts of this manuscript were presented at the first international congress on the works of Alejandra Pizarnik, organized by Adélaïde de Chatellus and Milagros Ezquerro at the Université de Paris-Sorbonne (Paris IV), in November 2012. The poem "Cornerstone" first appeared, in a slightly different version, in *Guernica: A Journal of Literature and Art*, in April 2013.

THE SHADOW TEXTS

Page 199: The epigraph by Franz Kafka is from his *Diaries*, ed. Max Brod (Schocken: 185).

Page 199: Henri Michaux (1899–1984), a leading French writer, wrote a popular series of works about a character named *Plume*. "Ils jouent ..." is from Plume (Gallimard: 46). Pizarnik translated and wrote reviews of several works by Michaux.

Page 199: Cecília Meireles (1901–1964) was a Brazilian poet. The epigraph "Sinto o mondo chorar ..." is an inaccurate citation of a verse in her final collection, published in 1963. The title, *Solombra*, is a neologism derived from the words "solidão" and "sombra," or "solitude" and "shadow." The text reads:

Eu-fantasma—que deixo os litorais humanos,
sinto o mundo chorar como em língua estrangeira:

[...]

"—ah, deixarei meu nome entre as antigas mortes."
Só nessas mortes pode estar meu nome escrito."

Page 199: "Das ganze verkehrte Wesen fort" is the closing line of a sonnet by the great German poet Georg Philipp Friedrich Freiherr von Hardenberg, known as Novalis (1772–1801). The poem, "Wenn nicht mehr Zahlen und Figuren sind," appears in his incomplete lyric novel *Heinrich von Ofterdingen*. This work is most famous for introducing the image of the Blue Flower, a key symbol in German Romantic literature.

Page 199: The epigraph "Another calling: my own words coming back ..." is by the precocious English poet Sidney Keyes (1922–1943), who died in combat in Tunisia during the Second World War.

Page 203: on "Shadow Preface (I)": The phrase *another calling* is a reference to the above-cited text by Sidney Keyes.

Page 261: Alejandra Pizarnik died of a self-administered overdose, of what many believe was seconal, on 25 September 1972, at the age of thirty-six. This text was found written in chalk on a blackboard in the poet's workroom.

INDEX OF TITLES